[illegible]

Wien, Dezember 1992

Richard Neges

Personalentwicklungs- und Weiterbildungserfolg

Wege und Beispiele zur systematischen Erfolgssteuerung von Entwicklungs- und Schulungsmaßnahmen

UEBERREUTER

CIP-Titelaufnahme der Deutschen Bibliothek

Neges, Richard:
Personalentwicklungs- und Weiterbildungserfolg : Wege und Beispiele zur systematischen Erfolgssteuerung von Entwicklungs- und Schulungsmassnahmen / Richard Neges. – Wien : Ueberreuter, 1991
(Ueberreuter-Wirtschaft)
ISBN 3-8000-9108-9

M 51/1

Umschlag von Beate Dorfinger

Printed in Austria

Inhalt

Anhang

Vorwort

Qualifizierte, gut ausgebildete Mitarbeiter und Führungskräfte werden immer mehr zum strategischen Wettbewerbsfaktor eines Unternehmens. Der Stellenwert der Arbeit mit den Menschen im Unternehmen gewinnt ständig an Bedeutung. Um die langfristigen Zielvorstellungen im Unternehmen erreichen zu können, benötigt jedes Unternehmen ein:

- Aussagefähiges Zielsystem (1. Kapitel)
- Strategieorientiertes Personalentwicklungskonzept (2. Kapitel)
- Team von Führungskräften zur Erledigung von Personalentwicklungsaufgaben (3. Kapitel)
- Aus- und Weiterbildungskonzept (4. Kapitel)
- Controlling über den Mitteleinsatz für die Personalentwicklungs- und Aus- und Weiterbildungsarbeit (5. Kapitel)

Diese einzelnen Schwerpunkte schaffen die Voraussetzung zu einer systematischen Erfolgssteuerung von Entwicklungs- und Bildungsmaßnahmen.
Viele praxiserprobte Checklisten machen die angeführten Kapitel zu einem guten Nachschlagewerk.
Im 1. Kapitel wird die Entwicklung eines »Unternehmens-Zielsystems« vom Szenario bis zur operativen Planung zusammengefaßt.
Das 2. Kapitel führt durch den Bereich der strategieorientierten Personalentwicklungsarbeit. Die langfristige Kompetenz-(Fähigkeiten-)entwicklung soll die zukünftigen, strategisch gewünschten Qualifikationen sichern.
Den Führungskräften im Unternehmen mit Personalverantwortung ist das 3. Kapitel gewidmet. Jede Führungskraft hat meist nicht nur disziplinäre Verantwortung über Mitarbeiter, sondern hat auch die Chance, systematisch eine Erfolgssteuerung von Entwicklungs- und Schulungsmaßnahmen bei jedem einzelnen Mitarbeiter durchzuführen. Die wichtigsten Führungsaufgaben im Rahmen der Personalent-

wicklung werden hier zusammengefaßt und mit praktischen Beispielen ergänzt.
Das 4. Kapitel zeigt interessante Möglichkeiten zur Entwicklung eines Aus- und Weiterbildungskonzeptes auf, von der systematischen Bildungsbedarfsanalyse bis zur Transfersicherung von Bildungsveranstaltungen.
Das Buch wird abgerundet mit Überlegungen zur Durchführung von Controlling-Aufgaben für Personalentwicklungs- und Aus- und Weiterbildungsmaßnahmen im 5. Kapitel.

Bedanken möchte ich mich an dieser Stelle beim Ueberreuter-Fachverlag für Wirtschaft, Steuer und Recht, Herrn Dr. Mennel, der dieses Werk ermöglicht hat, und bei meiner Gattin Gertrud, welche in mühevoller Kleinarbeit bei der Entwicklung und Ausführung dieses Buches mitgearbeitet hat.

1. Entwicklung eines Zielsystems

1.1. Die Elemente des Zielsystems

Für die langfristige Erfolgssteuerung eines Unternehmens ist die Entwicklung eines geordneten Zielsystems (Abb. 1) unbedingt notwendig.

Abb. 1: Zielsystem eines Unternehmens

Das Zielsystem soll in stufenweisem Vorgehen entwickelt werden.
Die Grundlagen des Zielsystems sind die Erarbeitung eines Szenario-Bildes (langfristiges Aufzeigen einer »Szenen-Entwicklung«) und die Festlegung des »strategieorientierten Unternehmensleitbildes«.
Aus den definierten und nach Möglichkeit festgeschriebenen Unternehmensleitbildsätzen werden die strategischen Unternehmensleitlinien abgeleitet.

Die Festlegung und Entwicklung von strategischen Erfolgspositionen und strategischen Geschäftseinheiten schaffen die Voraussetzung zur Festlegung einer zukünftigen Stoßrichtung.

Über die Wettbewerbsanalyse (Stärken- und Schwächenanalyse der wichtigsten Mitwettbewerber) werden die kritischen Erfolgsfaktoren in Form einer Engpaß-Analyse erarbeitet.
Das Auffinden und Erkennen von strategischen Lücken, z. B. Mangel an Nachwuchsführungskräften, Schaffung neuer Märkte, Einsatz von neuen Technologien, hat enorme Auswirkungen auf die gesamte unternehmerische Handlungskompetenz.
Im Rahmen der strategischen Zielformulierung werden die mittel- bis langfristigen Ziele (Ziele der nächsten 5–7 Jahre) in den Bereichen
a) Markt
b) Betriebswirtschaft
c) Produktion
d) Betriebsintern (Organisation, Personal usw.)
mit den wichtigsten Führungskräften vereinbart.

Aus diesem formulierten Zielvereinbarungspaket werden die operativen Umsetzungsstrategien (1- bis 2-Jahres-Zeitraum) abgeleitet.
Durch dieses Zielsystem erhalten alle Mitarbeiter und Führungskräfte im Unternehmen den Weg für die zukünftige Bewältigung der Herausforderungen aufgezeigt. Dadurch wird eine bessere Identifikation erreicht, welche wiederum zur Aktivierung der Mitarbeiter-Ressourcen beiträgt.

1.2. Erstellung eines Szenarios

Wie der Begriff bereits ausdrückt, soll eine »Szene« (Abb. 2), d. h. ein weit gespanntes Bild von der Zukunft abgegeben werden.

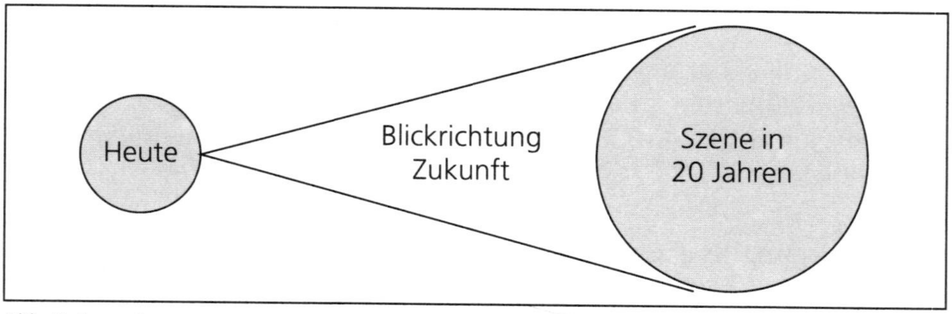

Abb. 2: Szenario

Die ökonomische, ökologische Umwelt, die Mitwettbewerber, die gesellschaftliche, technische und soziale Entwicklung, die Qualifikationsentwicklung, die Produktentwicklung und neue Absatzstrategien sollen aus der Perspektive der nächsten 20 Jahre erarbeitet werden.

1.2.1. Fragebogen zur Szenarioentwicklung

BEISPIEL FÜR BANK-SZENARIO

Ökonomische Umwelt

Worauf haben sich die Erfolge in unserem Markt in der Vergangenheit begründet?

Was waren die Hauptursachen für Mißerfolge?

Welche gravierenden Marktveränderungen sind in den nächsten 15 bis 20 Jahren (Beispiele: Europa 1992, Entwicklung des Pazifischen Raumes, neue Technologien, Problemverschiebungen, Bankenlandschaftsentwicklung, Wettbewerbssituation usw.) zu erwarten?

Welchen Einfluß haben künftig private Geldgeber (Industrie, Händler usw.) auf die Bankgeschäfte, und was müßte diesbezüglich beachtet werden?

Welchen Einfluß hat die Veränderung der Arbeitszeit und die zunehmende Freizeitorientierung auf die Bankentwicklung?

Welche Veränderungen im Wertewandel der Verbraucher (zunehmendes Umweltbewußtsein, zunehmendes Zeit-, Leistungs- und Preisbewußtsein, zunehmende Differenzierung zwischen den Eigen-und Wettbewerbsprodukten, Veränderung der Rolle der Frau in der Wirtschaft, Genuß- und Erlebnisorientierung, Trend zur Technologie und zur Individualität) lassen sich für eine Bank im Rahmen des Szenarios nützen?

Welchen Stellenwert wird die zunehmende Informationsentwicklung haben (z. B. Telebanking)?

Welche Entwicklungen im Bankenbereich (z. B. Veränderung der Betriebsformen, Trend zur Spezial- oder Universalbank, Flexibilität der Vertriebsstruktur, Auslagerung des Vertriebes, Nähe zum Kunden usw.) spielen in den nächsten 15–20 Jahren eine wichtige Rolle?

Wie wird sich die volkswirtschaftliche Entwicklung im Zeitraum der nächsten 10–20 Jahre darstellen?

Technische/Technologische Umwelt

Wie stark wird die technologische Entwicklung ein Wettbewerbsfaktor sein, und auf welchen Gebieten wird sich dies im Bankenbereich abspielen?

Wie wird sich die Technologie auf den Vertrieb von Bankleistungen auswirken?

Welche Rolle hat der Mitarbeiter im Bankbereich bei der technologischen Entwicklung, und welche Maßnahmen sind zur Vorkehrung zu treffen?

Wie könnte Ihrer Meinung nach eine »utopische« technische Bankenlandschaft einmal aussehen?

Rechtliche Umwelt

Welche speziellen Gesetze sind in unseren Marktbereichen relevant?

Prüfen wir regelmäßig rechtliche Veränderungen auf deren Chancen und Risiken?

Bei welchen Gesetzen wird sich im Zeitraum der nächsten 15–20 Jahren Ihrer Meinung nach am meisten ändern, und wie sehen die diesbezüglichen vorläufigen Schwerpunkte aus?

Politische Umwelt

Welchen Einfluß haben politische Risiken (z. B. ein Regierungswechsel) auf die Bank und ihre Geschäftsfelder?

Welche Auswirkungen haben politisch bedingte Wechselkursrisiken in den nächsten 15–20 Jahren?

Wie wird sich die Kapitalaufbringung und -verwendung entwickeln?

Welche Bedeutung hat die zunehmende weltwirtschaftliche Verflechtung, zum Beispiel die Öffnung des Ostens, auf die Bankgeschäfte?

Welchen Einfluß hat das zunehmende Angebot ausländischer Fachkräfte für unsere Bank?

Bevölkerungsentwicklung

Mit welchen Veränderungen rechnen wir in den nächsten 15–20 Jahren?

Wie nutzen wir die sich dadurch bietenden Chancen?

Welche Risiken liegen in dieser Entwicklung?

Haben wir einen Überblick über die entstehenden neuen Zielgruppen?

Wie wird sich die Bevölkerungsentwicklung auf die Bank auswirken?

Was muß langfristig in der Bank verändert werden, um den langfristigen Trends folgen zu können?

Ökologische Umwelt

Welchen Einfluß hat die ökologische Entwicklung (Waldsterben, »Saurer Regen«, »Chemie-Katastrophen«, »Ozon-Loch« usw.) auf die Bankgeschäfte und deren Produkte?

Was sollen die Banken in dieser Richtung in den nächsten 15–20 Jahren dazu unternehmen?

(in Anlehnung an Arnold Weissmann, »Marketing-Strategie« – 10 Stufen zum Erfolg) Mi, Landsberg/Lech

1.3. Das Unternehmensleitbild

Bei der vergleichenden Betrachtung von Unternehmen wird immer deutlicher, daß jedes Unternehmen eine Persönlichkeit mit unverwechselbaren Eigenschaften darstellt: Im Unternehmen herrscht ein Geist, der sich von dem anderer Unternehmen unterscheidet, das Unternehmen hat bestimmte Fähigkeiten stärker oder schwächer entwickelt als andere Unternehmungen, es folgt den geschriebenen oder ungeschriebenen Gesetzen seiner Unternehmensphilosophie und seiner Unternehmenskultur. Die in ihm wirksamen psychischen Kräfte können seine Entwicklung fördernd oder hemmend beeinflussen.

Wie beim Individuum, so beginnt auch beim Unternehmen der eigene Beitrag zur Persönlichkeitsentwicklung mit der Selbsterkenntnis. Die Frage »Was bin ich?« mit einer Bestandsaufnahme der eigenen Stärken und Schwächen soll zu einem möglichst realitätsgerechten Selbstbild führen. Die bewußte Anerkennung des eigenen Charakters ist eine wesentliche Zielsetzung dieser Bestandsaufnahme. Nur wenn das Unternehmen mit sich selbst im Einklang steht, wenn die in ihm wirkenden Kräfte sich mit der Grundstruktur und dem Wertesystem identifizieren können, wird es in der Lage sein, leistungsfähige innere Strukturen zu schaffen, die wiederum die Voraussetzung für eine erfolgreiche Außenwirkung sind.
Zukunftsorientiert ist die Beantwortung der Frage »Was will ich sein?« von wesentlicher Bedeutung. Ihr Ziel ist nicht eine zerstörende Umwertung aller geschaffenen Werte, sondern eine organische Fortentwicklung der Unternehmenspersönlichkeit, vor allem aber die Erweiterung des Horizonts und die Beseitigung künstlicher Hemmnisse und Blockaden, die der Fortentwicklung entgegenstehen. Positives Denken, das sich vor allem auf die Aktivierung vorhandener Stärken konzentriert, ist ein wichtiges Element dieses psychologischen Prozesses.
Es gehört zu den Wesensmerkmalen der Persönlichkeit eines Unternehmens, daß der Prozeß sich von innen heraus auf der Basis der individuellen Gegebenheiten des Unternehmens vollziehen muß.
Jede von außen oder von oben aufgesetzte Selbstbilddiktion, die der gelebten Wirklichkeit widerspricht, fördert nicht die Persönlichkeit des Unternehmens, sondern führt zu gespaltenen Strukturen und inneren Spannungen, mit denen der Weg des Mißerfolges vorgezeichnet ist.

1.3.1. Die Bestandteile des Unternehmensleitbildes

Im Rahmen der Leitbild-Entwicklung sollen in Form eines »Leitbild-Teams« (Unternehmensleitung und meist 2. Führungsebene) die Grundsätze des zukünftigen Leitbildes erarbeitet werden.

Die Bestandteile einer Unternehmensphilosophie:

- EINLEITUNG
  Vorbemerkungen, Geschichte der Branche, Geschäftszweck, wichtigste Bezugspunkte zum Umfeld, Eigentumsverhältnisse
- FIRMA, GRUPPE, VERBUND, KONZERN
  Name des Unternehmens, die Aussagekraft des Namens, Corporate Identity, Logo, Frage, ob der Firmenname marken-, problemlösungs-, qualitätsorientiert ist
- SELBSTVERSTÄNDNIS
  z. B. eigenständig, unabhängig, Werteorientierung: »Wir sind . . .«
- GESCHÄFTSGEBAREN / GRUNDSÄTZE
  z. B. seriös, glaubwürdig, fair, umweltfreundlich, gewinnorientiert, maximale Firmengröße
- ENTWICKLUNG, ABSATZ, LEISTUNG, PRODUKTE
  - Strategiegrundsätze: »Kundenfreundliche Dienstleistungen«, »Qualität«, »Kundenorientierung«, »Kundenbetreuung« usw.
  - Was entwickelt und vertreibt das Unternehmen?
  - Welcher ist unser Markt?
  - Welche Bedürfnisse werden erfüllt?
  - Produkte, Dienstleistungen, Serviceleistungen, Problemlösungen
  - Eventuelles Grobziel: z. B.: »Wir wollen auf dem Markt zu den Größten und Besten gehören.«
  - Wie vertreiben wir unsere Leistungen?
  - Wer sind unsere Partner?
  - Marktorientierte Unternehmensführung
- QUALITÄTSGRUNDSÄTZE
  - Was ist unser Qualitätsstandard, wie soll er sein?
  - Passen die Produkte und Dienstleistungen zusammen?
  - Gehört die Qualität unserer Problemlösungen zur Spitze, zur Mitte oder zum unteren Ende?
  - Besteht eine Verbindung zwischen dem Namen der Unternehmung und der Qualität?

- Paßt das Preis-, Leistungs- und Qualitätsverhalten unserer Problemlösungen?
- Wie schauen unsere Wettbewerber im Verhältnis zu Qualität, Image und Preis aus?

- FÜHRUNG
  - Wie wird bei uns geführt?
  - Führungsgrundsätze
  - Wie sieht die Führungs- und Wertekultur aus?
  - Welche Elemente bestimmen unsere Unternehmenskultur?

- MITARBEITER
  - Bedeutung der Mitarbeiter im Unternehmen, z. B. Mitarbeiterverantwortung, Förderung, Entwicklung, Sinngebung, Motivation
  - Personalentwicklungsgrundsätze
  - Förder- und Beurteilungsgrundsätze
  - innovative PE-Elemente

- INFORMATIONSPOLITIK
  - nach außen und innen, z. B. Kunden- oder Mitarbeiterzeitung, Video für Unternehmensdarstellung usw.

- ORGANISATIONSFORM
  runde Organisation, zentral/dezentral, Sparten, Problemorientierung usw.

- BEZIEHUNGEN ZUR ÖFFENTLICHKEIT / SOZIALES UMFELD
  Wir wollen . . . (PR-Grundsätze)
  z. B. Mitarbeiter in Gremien, Ämtern, Behörden, in Sachen . . .

- LEITSPRUCH, MOTTO

1.3.2. Fragebogen zur »Selbstdarstellung« der eigenen Leitbildgedanken

Zur Entwicklung und Zusammenfassung des vorhanden Ist-Leitbildes und zur erfolgreichen Realisierung des zukünftigen Leitbildes sollen von dem Leitbild-Team die nachfolgend abgebildeten Fragen zur Selbstdarstellung anonym bearbeitet werden.

1. In jedem Unternehmen gibt es eine Vorstellung über die Grundsätze der Geschäftsführung – wie es in der Vergangenheit war, wie es in der Gegenwart ist und was in Zukunft alles zu berücksichtigen ist.

   Daraus ergeben sich folgende Fragen

   a) Wie haben wir uns in der Vergangenheit gesehen?

   b) Wer sind wir heute?

   Vor uns selbst?

   Vor anderen?

   c) Wer wollen wir morgen und übermorgen sein?

2. Jedes Unternehmen hat fördernde und hemmende Kräfte. Wenn fördernde Kräfte gemeinsam richtig genutzt werden, ergeben sich daraus Synergie-Effekte.

   Was sind in Ihrem Unternehmen

   a) die fördernden Kräfte?

   b) die hemmenden Kräfte?

3. Jedes Unternehmen hat wichtige Funktionen zu erfüllen. Die folgenden Fragen helfen, die Gemeinsamkeiten zu erkennen.

   a) Worin zeichnen wir uns aus?

   b) Worauf sind wir stolz?

   c) In welchen Punkten müssen wir besser werden?

   d) Welche Grundsatzdiskussionen lähmen uns?

   e) Wo stehen wir uns selbst im Wege?

4. Zur Festlegung eines gemeinsamen Aktivitätenkataloges ersuchen wir Sie, die Ihrer Meinung nach drei wichtigsten Aktivitäten festzuhalten:

   1. ______________________________

   2. ______________________________

   3. ______________________________

1.3.3. Entwicklung und Umsetzung eines Leitbildes

Die erfolgreiche Bearbeitung der Fragebögen ist die Voraussetzung für die weitere Ablaufplanung zur Entwicklung eines Unternehmensleitbildes. Das »Leitbild-Team« geht mit folgenden Schritten zur Entwicklung und Umsetzung des Leitbildes heran:

1. Akzeptanz der 1. und 2. Ebene zur Entwicklung eines Leitbildes
   - Informationsbroschüre über Leitbildentwicklung verteilen

   - Vorstellung der Fragebögen vor dem Leitbild-Team
   - Bearbeitung und Auswertung der Ergebnisse

2. Moderation eines Workshops
   - Präsentation der Ergebnisse der Fragebögen
   - Moderation folgender Fragen:
     - Was fällt Ihnen zu Ihrem Unternehmen generell ein, das Sie sagen möchten?
     - Wie stellen Sie Ihr Unternehmen vor, wenn Sie gefragt werden?
     - Erzählen Sie eine typische Geschichte Ihres Unternehmens!
     - Worin hat sich Ihr Unternehmen in der Vergangenheit/Gegenwart ausgezeichnet?
     - Wo liegen Ihrer Meinung nach die fördernden/hemmenden Kräfte im Unternehmen?
     - Worin wollen Sie sich morgen auszeichnen?
   - Zusammenfassung der Ergebnisse

3. Erarbeitung in Kleingruppen – Die Elemente des Leitbildes
   - Definition aus zukünftiger Sicht – folgende Bereiche:
     - Einleitung (Zusammenfassung der Vergangenheit)
     - Firma, Gruppe, Verbund, Konzern
     - Selbstverständnis
     - Geschäftsgebaren/Grundsätze
     - Entwicklung, Absatz, Leistung, Produkte
     - Qualitätsgrundsätze
     - Führung
     - Mitarbeiter
     - Informationspolitik
     - Organisationsform
     - Beziehungen zur Öffentlichkeit/soziales Umfeld
     - Leitspruch/Motto
   - Zusammenfassung der Ergebnisse

4. Formulierung des 1. Leitbild-Entwurfes
   - aus den Ergebnissen der Fragebögen und erarbeiteten Elemen-

ten des Leitbildes wird der 1. Entwurf des zukünftigen Leitbildes definiert
- Korrektur durch das »Leitbild-Team«
- Fixierung des gültigen Leitbildes

5. Maßnahmenfestlegung zur Einführung des Leitbildes
   - »Leitbild-Team« legt die Informationspolitik zur Bekanntgabe des Leitbildes fest
   - Integration im Mitarbeiter-Handbuch (siehe Kapitel 3.8.)
   - Maßnahmenplan zur Umsetzung wird gemeinsam festgelegt
   - Bekanntgabe zuerst nach innen, dann nach außen

Zusammenfassend kann man feststellen, daß das Unternehmensleitbild eine Grundlage zur Entwicklung der Mitarbeiter und Führungskräfte bietet. Im Leitbild wird der »Mitarbeiter« im Unternehmen definiert, wie er gesehen wird und wie er sich entwickeln kann. Die Grundsätze der Personalentwicklungsarbeit werden aus dem Unternehmensleitbild ersichtlich.

1.4. Die Unternehmensstrategie

1.4.1. Die Zielsetzung der Unternehmensstrategie

Mit der entwickelten Unternehmensstrategie soll eine dauerhafte Existenzsicherung des Unternehmens gewährleistet werden durch die Schaffung und Sicherung von zukünftigen Erfolgspotentialen. Dabei ist die Erkennung und Beseitigung von zukünftigen Engpässen genauso wichtig wie die optimale Nutzung der Erfolgspotentiale durch Verbesserung der Produktivität, Erhöhung der Wirtschaftlichkeit, Ausnutzung des Marktpotentials zur Steigerung der Rentabilität und Erhöhung des Marktanteils.
Aus der Definition der zukünftigen strategischen Geschäftseinheiten lassen sich die zukünftigen Qualifikationsmerkmale der Mitarbeiter und Führungskräfte des Unternehmens ableiten.

1.4.2. Der Entwicklungsprozeß einer Strategie

Die Unternehmensstrategieentwicklung wird in vielen Unternehmen noch sehr vernachlässigt, wobei meist die strategischen Überlegungen bei vielen verantwortlichen Unternehmern in deren »Köpfen« herumirren. Es fehlt dadurch im Unternehmen die Transparenz für zukünftige Entwicklungen, Innovationen usw. Ferner ist ein entwicklungsorientiertes Personalmanagement kaum machbar, da nicht klar definiert ist, wohin das Unternehmen sich eigentlich entwickeln soll.
Der Entwicklungsprozeß soll anhand eines Beispieles einer »Strategieentwicklung einer Bank« zeigen, wie man zu einer formulierten Unternehmensstrategie kommt.

Der Strategieprozeß gliedert sich in vier wesentliche Schwerpunkte:

1. Unternehmensanalyse
2. Zielgruppendefinition
3. Entwicklung und Festlegung der strategischen Ziele
4. Definition von Maßnahmen und Aktivitäten zur erfolgreichen Strategieumsetzung

ad 1. Unternehmensanalyse

Bei der Unternehmensanalyse wird die Ist-Situation des Unternehmens zusammengefaßt. Voraussetzung für die Strategieentwicklung ist, daß ein »Strategie-Team« gebildet wird (meist 1. und 2. Ebene), welches nach einem systematisch organisierten Fahrplan die Strategieentwicklung in Angriff nimmt. In Form von mehreren Workshops wird mit dem Strategie-Team die Ist-Analyse des Unternehmens durchgeführt.

1.0. Erwartungen/Befürchtungen bei der Strategieentwicklung (Moderation)

1.1. Frage: »Was muß strategisch im Unternehmen verändert werden?« (Moderation)

1.2. Frage: »Was stört bei der täglichen Arbeit?« (Moderation)

1.3. Gesamtgeschäftsentwicklung
- Einstiegsfragebogen »Strategieentwicklung« kann vom Autor direkt angefordert werden
- Vorbereitungsskriptum »Strategieleitfaden« zur Einstimmung in die Strategieentwicklung
- Unternehmensbewertung – Checkliste
- Szenario – Vorbereitungsbogen (siehe Kapitel 1.2.1.)

1.3.1. Bilanzstrukturmanagement (Wachstum/Struktur/Entwicklung)
1.3.2. Zinsspannenmanagement (Analyse und Bewertung)
1.3.3. Ertragsentwicklungsstrukturen (Dienstleistungsgeschäft, ordentliche und außerordentliche Erträge)
1.3.4. Wirtschaftlicher Erfolg und seine Steuerung
1.3.5. Eigenkapitalausstattung/Stille Reserven
1.3.6. Betriebswirtschaftliche Kennziffernentwicklung der letzten drei Jahre
1.3.7. Gewinnentwicklung und Verwendung

1.4. Organisation/Technik
1.4.1. Organisationsstruktur
- Organigramm
- Aufbauorganisation (Aufgabenstruktur-Analyse)
- Ablauforganisation (Arbeitsablauf-Analyse)
- CI/CD-orientierte Büroausstattung
- Festlegung der größten Ist-Mängel

1.4.2. Technische Ausstattung
- Überprüfung des Zufriedenheitsgrades mit der technischen Ausstattung
- Festlegung der größten Ist-Mängel

1.5. Personalaktivitäten
1.5.1. Erstellung der Alterspyramide
1.5.2. Nachfolgeplanung Ist-Situation
1.5.3. Personaleinsatzplanung Ist-Situation
1.5.4. Personalentwicklungskonzept
1.5.5. Aus- und Weiterbildung Ist-Situation
1.5.6. Betriebsklimaerhebung
1.5.7. Festlegung der Ist-Situation der Leistungsfaktoren

1.5.8. Führungsstil-Analyse
1.5.9. Unternehmenskultur-Analyse

1.6. Betriebskosten-Struktur
1.6.1. Entwicklung der einzelnen Kostenarten
1.6.2. Kosten der Stellenbereiche und Marktleistungsarten

1.7. Deckungsbeitragsrechnung
1.7.1. Geschäftsstellen-Deckungsbeitragsrechnung
1.7.2. Geschäftsartenerfolgsrechnung
1.7.3. Produktkalkulation
1.7.4. Kundenkalkulation
1.7.5. Mitarbeiterdeckungsbeitragsrechnung

1.8. Risikomanagement
1.8.1. Analyse der Ist-Situation (Kreditausfallsrisiko, Zinsänderungsrisiko)
1.8.2. Verbands- und/oder Prüfungsanstaltskriterien-Überprüfung
1.8.3. Grundsatzdefinition der gelebten Risikopolitik

ad 2. Zielgruppendefinition

2.1. Zielgruppen-Analyse

2.2. Analyse und Prognose je Zielgruppe des unternehmerischen Absatzpotentials
2.2.1. Kundenstruktur
2.2.2. Bedarfserwartungen
2.2.3. Branchenportfolio
2.2.4. Neukundenportfolio
2.2.5. Wettbewerbssituation
2.2.6. Marktentwicklungen
2.2.7. Einsatz des unternehmensspezifischen Absatzpotential-Portfolios
2.2.8. Festlegung der Marktchancen bei den wichtigsten Zielgruppen

2.3. Einsatz der Unabhängigkeits- und Abhängigkeitsmatrix

2.4. Erarbeitung der strategischen Engpässe

ad 3. Entwicklung und Festlegung der strategischen Ziele

3.1. Zusammenfassung der Ist-Situation aus den Punkten 1.1. bis 2.4.

3.2. Zusammenfassung der strategischen Engpässe

3.3. Festlegung der Erfolgspotentiale der Zukunft

3.4. Festlegung der Marktattraktivität und Wettbewerbsposition durch Portfolioeinsatz

3.5. Festlegung der strategischen Ziele

3.5.1. Strategische Grundausrichtung
- Auftrag aus der Satzung
- aufzubauende strategische Erfolgspositionen
- Festlegung der strategisch wichtigen Geschäftseinheiten
- Unternehmenskultur
- Unternehmenskommunikation
- Äußeres und inneres Erscheinungsbild (CI/CD)

3.5.2. Marktziele
- Leistungsartenkatalog nach geschäftspolitischer Priorität
- zu bearbeitende Märkte (bestehende und neue)
- Marktstellung und Wettbewerb
- Marketingkonzept und Vertriebsplanung
- Produktentwicklung
- Erfolgskontrolle im Vertrieb
- Verkaufsförderung und PR-Arbeit

3.5.3. Wirtschaftlichkeit, Rentabilität, Risiko
- Wirtschaftlichkeit, Rentabilität, Reserven- und Gewinnverwendungspolitik
- Bilanzstrukturmanagement
- Liquiditätsentwicklung
- Eigenkapitalentwicklung
- Investitionsentwicklung
- Risikopolitik zur erfolgreichen Strategieumsetzung

3.5.4. Organisation
- strategieorientierte Organisationsstruktur

- Aufbau- und Ablaufstruktur
- Veränderungsaktivitäten

3.5.5. Technik
- technische Anpassungsmaßnahmen zur Strategieumsetzung

3.5.6. Personal
- Strategiekonzeptentwicklung für Personalmanagement
- Nachfolgeplanung mit Kompetenzanalyse
- Personalentwicklung
- Strategieorientierte Aus- und Weiterbildung

3.5.7. Controlling
- Maßnahmen zur Absicherung der Strategieentwicklung
- Unternehmensplanung und -steuerung
- Festlegung des Berichtswesens

ad 4. Definition von Maßnahmen und Aktivitäten zur erfolgreichen Strategieumsetzung

4.1. Zusammenfassung der strategischen Ziele

4.2. Festlegung der kurz- und mittelfristigen Ziele (aktuell zu verfolgende Ein- bis Zweijahresziele)

4.3. Gesamt-Strategiemaßnahmen- und Aktivitätenplan für die nächsten sieben bis zehn Jahre

4.4. Transfersicherung durch Einsatz der Nutzwertanalyse bei den Maßnahmen und Aktivitäten

4.5. Zusammenfassende Diskussion über das Strategiekonzept

1.4.3. Auswirkungen des Strategiekonzeptes auf Personalentwicklungs- und Aus- und Weiterbildungserfolg

Durch die Erstellung eines Szenarios, Entwicklung eines Unternehmensleitbildes und Definition der Unternehmensstrategien sind die Kernvoraussetzungen für die Personalarbeit vorhanden. Jetzt kann der Personalverantwortliche mit seiner erfolgreichen Umsetzungsarbeit beginnen, da er das Ziel und den Weg seiner zukünftigen Aufgaben kennt.

Die offenen Fragen aus dem Strategiekonzept für die Personalarbeit lassen sich wie folgt zusammenfassen:

- Welches sind die fundamentalen Zukunftsherausforderungen für das Unternehmen?
- Welche strategisch relevanten Zukunftsqualifikationen erwachsen aus den Strategieüberlegungen?
- Wie sieht die Führungsnachwuchsplanung langfristig aus?
- Welche neuen Aufgaben und Anforderungen kommen auf die einzelnen Positionen mittel- bis langfristig dazu?
- Wie sieht die mittelfristige Personalbedarfs- und -einsatzplanung aus?
- Welches sind die kritischen, aktuellen Probleme?
- Prägt Qualitäts-, Kunden- und Marktorientierung unser Handeln?
- Welche technologischen Entwicklungen sind zu erwarten, und wie muß zeitgerecht darauf reagiert und agiert werden?
- Welche Menschen, welche Art von Führung brauchen wir, um das Geschäft der Zukunft erfolgreich zu betreiben?
- Haben wir die Talente, die die Zukunft des Unternehmens gestalten werden?
- Besitzen wir eine angemessene Unternehmenskultur, die Vernetzung, Synergien, Innovation und Identifikation fördert?
- Welche Philosophie von strategischem Lernen und Entwickeln haben wir?
- Welche mittel- bis langfristigen Organisations- und Personalentwicklungsmaßnahmen sind nötig, um die langfristigen Strategieziele zu erreichen?
- Wie läßt sich der mittel- bis langfristige Bildungs- und Entwicklungsbedarf pro Stelle im Unternehmen zusammenfassen?

1.5. Die operative, taktische Planung

Aus dem strategischen Zielsystem werden die operativen (1-, 2-Jahres-)Ziele abgeleitet. Für den Personalentwicklungsverantwortlichen ist dies die Grundlage zur Erstellung des operativen Umsetzungskonzeptes.
Die operative, taktische Planung ist wiederum die Voraussetzung für die Zielvereinbarungsgespräche mit den Verantwortlichen im Unternehmen (Kapitel 3.7.2.)

2. Strategieorientierte Personalentwicklung

2.1. Grundlagen der strategieorientierten Personalentwicklung

Die Veränderungen des strategischen Umfeldes wirken sich direkt auf die Personalarbeit aus.
Zusätzliche Indikatoren für Veränderungsprozesse bei der Personalarbeit sind:

- neue Technologien
- bessere automatisierte Verfahren (CIM, CAD)
- Wertewandel bei den Menschen
- demographische Entwicklung der Bevölkerung (Rückgang des vorhandenen Arbeitskräftepotentials)
- internationale Integrationsbestrebungen (EG, Asiatischer Raum)
- rechtlich veränderte Rahmenbedingungen und Arbeitsbeziehungen
- Spaltung von Großunternehmen in kleinere organisatorische Strukturen usw.

Die Aufgabe der Personalentwicklung ist es, auf die veränderten Situationen zeitgerecht mit entsprechenden Aktivitäten zu reagieren.
Der Stellenwert einer strategischen Nachfolgeplanung, einer betrieblich definierten Anpassungsfortbildung, der Aus- und Weiterbildung von neuen und bestehenden Mitarbeitern und Führungskräften, von Outplacement bei strukturellen Veränderungen (Abbau von langjährigen Mitarbeitern mit Hilfestellung zu einer neuen Job-Aussicht), Entwicklungs- und Potentialanalyseinstrumenten – um nur einige Maßnahmen zu nennen –, hat eine entscheidende Rolle im Hinblick auf die Unternehmenssicherung.

Das Ziel all dieser Überlegungen ist, die zukünftige Leistungsfähigkeit und Leistungsbereitschaft des Unternehmens und der Mitarbeiter zu erhöhen. Ein definiertes Zielsystem kann nur dann erfolgreich umgesetzt werden, wenn im Bereich der Mitarbeiter und Führungskräfte investiert wird.

2.1.1. Die Aufgaben der Personalentwicklung

Die wichtigsten Aufgaben der Personalentwicklung sind in der folgenden Zusammenstellung dargestellt:

Aufgabenkomplex	1. Planungsaufgaben	2. Realisierungsaufgaben	3. Kontrollaufgaben
1. Voraussetzungen der Personalentwicklung (PE)	a) Entwurf eines Rahmenkonzepts der gesamtbetrieblichen Personalentwicklung b) Mitwirkung bei der Entwicklung von Stellenbeschreibungen und Anforderungsprofilen sowie Aufgabenkatalog c) Einbeziehung in die Auswertung (Konzeptionierung) der Mitarbeiterbeurteilung	a) Information der Mitarbeiter über die in der Bank verfügbaren Entwicklungsmöglichkeiten laut Rahmenplan b) Information aller Mitarbeiter über die im Unternehmen gebotenen Laufbahnen	a) Periodische Prüfung der Ziele/ Grundsätze und des Rahmenplanes bez. Zeit- und Aktionspreis b) Überprüfen von Anforderungsprofilen/Stellenanforderungen und Beurteilungsmerkmalen c) Überprüfung der Eignung des Laufbahnkonzepts auf seine Funktion als weiterbildungsbegleitendes System
2. Personalentwicklungsprogramm	a) Ausarbeitung der Verfahren zur Ermittlung des PE-Bedarfs b) Differenzierung des PE-Bedarfs nach den Möglichkeiten interner und externer Bedarfsdeckung c) Planung und Auswahl der Stoffgebiete unter Mitwirkung der zuständigen Führungskräfte/Vorgesetzten d) Auswahl und Erprobung der geeigneten Methoden oder Methodenkombination e) Auswahl des geeigneten Schulungsmaterials f) Planung der zeitlichen Programmstruktur g) Auswahl überbetrieblicher Kurse	a) Ermittlung des PE-Bedarfs b) Feststellung der Themen für externe Weiterbildung c) Durchführung der von der Abteilung für Aus- und Weiterbildung selbst zu übernehmenden Programme d) Organisation der Weiterbildung am Arbeitsplatz (durch Checklisten) – siehe Ausbildungspläne von Azubis, Trainees etc.	a) Periodisches Überprüfen der Möglichkeiten zur Verfahrensverbesserung b) Revision der Stoffgebiete aufgrund von Änderung der Aufgaben und damit der Anforderungen c) Überprüfen der Methodenkombination d) Kontrolle der Kursunterlagen und Abstimmung auf veränderte Stoffgebiete e) Medienkontrolle f) Umfassende Programmkontrolle nach Beendigung der Programmplanung und -durchführung g) Überprüfung externer Bildungseinrichtungen im Hinblick auf ihren Ruf und ihrer Eignung
3. Zu fördernde Mitarbeiter	a) Erarbeitung von Grundsätzen zur Auswahl von Mitarbeitern b) Erarbeitung von Verfahren zur Ermittlung des Anwendungserfolges sowie des Weiterbildungserfolges	a) Auswahl und Mitwirkung bei den Mitarbeitern, die zu externen Weiterbildungsmaßnahmen entsandt werden b) Aussprache und Beratung der zu fördernden Mitarbeiter während der Fortbildung c) Förderung der Anwendung von Weiterbildungsergebnissen im Betrieb	a) Periodische Überprüfung der Kontrollverfahren im Hinblick auf verbesserte Kontrollmöglichkeiten b) Durchführung der Erfolgskontrolle während der Weiterbildung, unmittelbar nach der Weiterbildung und bei der Anwendung im Betrieb c) Überwachung des termingerechten und ordnungsgemäßen Besuchs externer Kurse
4. Personalentwickler	a) Erarbeitung von Richtlinien zur Erstellung und Auswahl von Mitarbeitern für die PE	a) Auswahl haupt- und nebenamtlicher Personalentwickler und der Vorgesetzten für die PE am Arbeitsplatz	

Abb. aus „Weiterbildung in Kreditinstituten", S. 27
H. Masemann, Gabler, Wiesbaden

Diese Übersicht hilft das Aufgabenfeld eines Personalentwicklers abzugrenzen und dient als Grundlage einer betriebsinternen Aufgabenbeschreibung.

2.1.2. Das Anforderungsprofil für einen Personalentwickler

Die erfolgreiche Bewältigung der in der obigen Darstellung zusammengefaßten Aufgaben erfordert von einem Personalentwickler ein sehr umfangreiches Anforderungsprofil.

Das Anforderungsprofil kann man in vier Bereiche gliedern:

a) Ausbildung und Berufserfahrung
b) Persönliche Kompetenz
c) Führungs- und Verhaltenskompetenz
d) Methodenkompetenz

a) Ausbildung und Berufserfahrung
Zur Ausbildung gehört abgeschlossene Mittelschule mit erfolgreicher Absolvierung einer Universität (Fachrichtung Pädagogik/Personal). Meist kommen die Personalentwickler aus einer erfolgreichen beruflichen Laufbahn, wo sie als Ausbildner, Trainer oder Führungskräfte der zweiten Ebene tätig waren.
Zur praktischen Berufserfahrung gehören auch einige Jahre Einsatz als Führungskraft (nicht unbedingt Voraussetzung).

b) Persönliche Kompetenz
Initiative, Kreativität, Selbständigkeit, Freude, positive Grundeinstellung, Belastbarkeit, Präsentationsfähigkeit, Umgang mit Menschen, Verantwortungsbewußtsein, Toleranzbereitschaft, Beharrlichkeit, Kommunikationsfähigkeit

c) Führungs- und Verhaltenskompetenz
Durchführung eventuell von eigenen moderierten Workshops, Abhaltung eigener Trainings – speziell bei kleineren Unternehmen bis 500 Mitarbeiter –, Trainerausbildung, Führungskräfteausbildung, Wissen über Personalpolitik, Strategiewissen

d) Methodenkompetenz
Moderationstechnik, Problemlösungstechniken, Kreativitätstechniken, Konfliktlösungstechniken

2.2. Strategieorientierte Nachfolgeplanung

Bei vielen Unternehmen passiert es, daß die Nachfolgefrage für die Geschäftsführung und die Neubesetzung von wichtigen Führungspositionen zu lange hinausgezögert wird.
Gerade bei der Strategieplanung muß auch langfristig die Personalnachfolgeplanung berücksichtigt werden. Denn was sind schon fünf bis zehn Jahre bei der Personalentwicklungsarbeit?

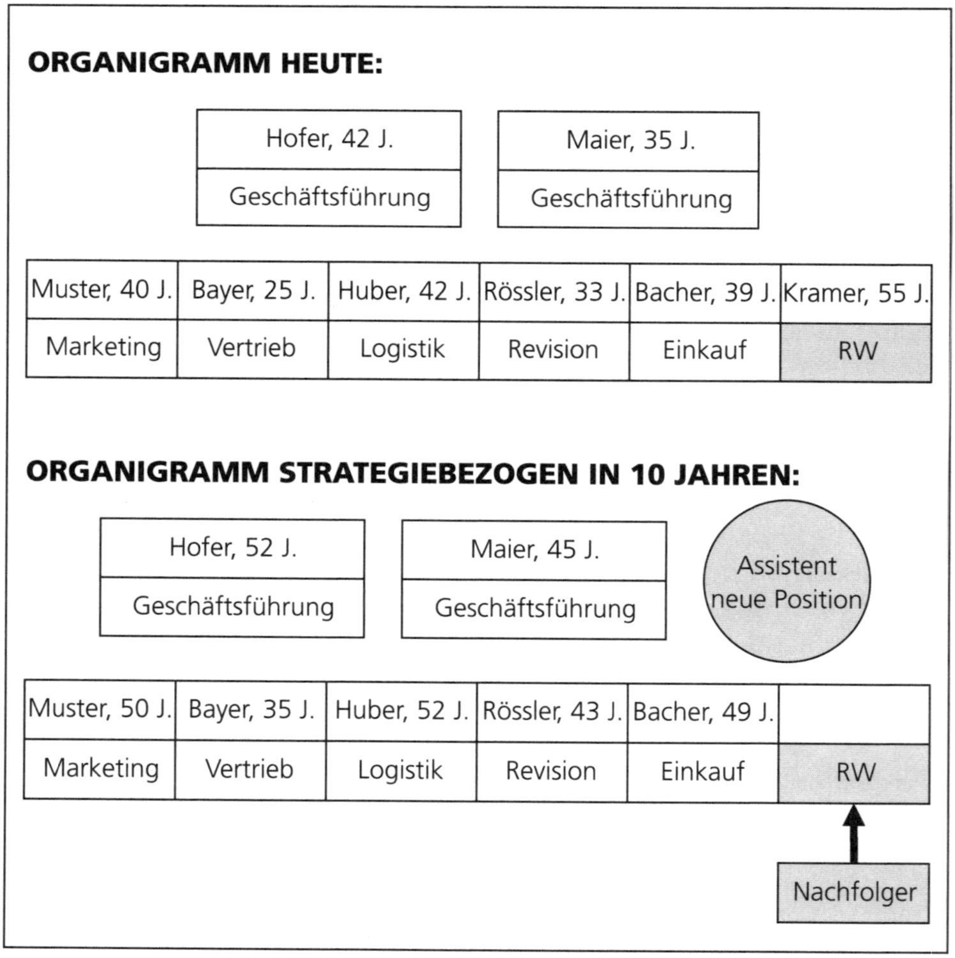

Abb. 3: Beispiel einer Nachfolgeplanung

Am besten geht man die Nachfolgeplanung so an, daß man die derzeitigen Positionsinhaber nach deren Altersstruktur analysiert und dann den Strategiezeitraum von ca. 10 Jahren dazuaddiert. Das ergibt dann eine neue Situation, wo bereits einige Führungskräfte entweder in Pension sind oder kurze Zeit darauf in Pension gehen werden.

Zum leichteren Verständnis hilft das praktische Beispiel eines Handelsbetriebes in der Abb. 3, wo die gegenwärtige Strukur der zukünftigen angepaßt werden soll.

Bei diesem Unternehmen ergaben sich zwei konkrete Handlungsbedarfsfelder. Für den Rechnungswesenleiter wird ein junger Mitarbeiter mit Berufserfahrung aufgebaut, dieser hat noch ca. 8–10 Jahren Entwicklungszeit, und für die Unterstützung der Geschäftsleitung wird ein Assistent aufgebaut.

Zur Nachfolgeplanung sollte Klarheit über folgende Fragen vorherrschen:

- Wo sind unsere strategisch wichtigen Führungsstellen im Unternehmen?
- Wer ist der jetzige Stelleninhaber?
- Wie viele Berufsjahre hat er noch vor sich?
- Ist bereits ein Nachfolgekandidat für die strategisch wichtige Führungsstelle definiert?
- Wie schaut das Anforderungs- und Stellenprofil der Stelle aus?
- Wo sind unsere Nachfolge-Lücken?
- Was muß bei den Nachfolge-Lücken sofort, mittel- bis langfristig unternommen werden?
- Wer kommt überhaupt für den Nachwuchskader in Frage?
- Mit welchen Instrumenten wird bei den Mitarbeitern das Nachwuchspotential festgehalten (Mitarbeiterbeurteilung, Fördergespräche, Assessment-Center usw.)?

Die Nachfolgeplanung zeigt, ob für alle strategisch wichtigen Führungsstellen Nachfolgekandidaten zur Verfügung stehen, wer diese jeweils sind, wie und ob sie ihrerseits mit Nachfolgekandidaten versehen sind. Der Plan macht damit auch das allfällige Fehlen von Nach-

folgekandidaten für gewisse Stellen augenfällig, so daß dort die nötigen Maßnahmen zeitgerecht vorgenommen werden können. Aus dem Nachfolgeplan geht im weiteren hervor, welche Veränderungen in der Stellenbesetzung während der Planungsperiode wahrscheinlich (oder möglicherweise) eintreten werden, sowie ihre zeitliche Staffelung.
Damit erst wird es möglich, die verschiedenen Bewegungen im Gefüge der strategisch wichtigen Führungsstellen im Zusammenhang zu diskutieren.
Sehr wichtig ist die Festlegung der Zeitdimension der Entwicklungsmaßnahmen und Nachbesetzung. Als Instrumente der Entwicklungsaktivitäten kommen vor allem die betriebliche Aus- und Weiterbildung und Job rotation in Frage.
Mit einer offiziellen Nachfolgeplanung im Unternehmen schaffen Sie eine interne Transparenz zur Besetzung von eigenen, zukünftigen Führungspositionen. Sehr wichtig dabei ist die nach objektiven Kriterien erfolgte Potentialanalyse bei der Auswahl des Nachfolgekaders.

Zur betrieblichen Realisierung der Nachfolgeplanung sollen alle Führungskräfte im Unternehmen ihren potentiellen Nachfolger alle zwei bis drei Jahre nach folgenden Merkmalen beschreiben:

Strategieorientierte Nachfolgeplanung

Stelle:

jetzige(r) Positionsinhaber(in):

Ziele der Stelle:

Hauptaufgaben:

Welche Eigenschaften sollte Ihr(e) Nachfolger(in) aufweisen?

Welche Fähigkeiten benötigt er (sie), um die Position erfolgreich ausüben zu können?

Was wäre die ideale Ausbildung für Ihren(e) Nachfolgekandidaten(in)?

Welche praktischen Erfahrungen sollte er (sie) mitbringen?

Welches Netzwerk muß er (sie) sich aufbauen?

Wie lange müßte er (sie) Ihrer Meinung nach auf die Stelle eingeschult werden, und wie sieht Ihr diesbezüglicher Entwicklungsplan für ihn (sie) aus?

Welche Aufgaben könnten Sie ihm (ihr) schrittweise übertragen?

Dieser Informationsbogen wird vom Personalentwickler ausgewertet und für die Nachfolgesuche und Entwicklung der Aus- und Weiterbildung herangezogen.
Die Abb. 4 gibt einen Überblick über das Potential der Nachfolgekandidaten, wo festgehalten wird, welcher Mitarbeiter in welcher Zeitdimension eine Nachfolge antreten könnte.

Nachfolgeplanung			
Abt./Betrieb/Filiale: Position:		Stellen-Nr.:	
Derzeitiger Stelleninhaber: Name: Vorname: geb.: Eintrittsdatum:	Stelleninhaber seit:	Bemerkungen:	Nachfolge nötig: ○ sofort ○ in 2 Jahren ○ in 3–5 Jahren
Geeigneter Nachfolger (sofort): Name: Vorname: geb.: Eintrittsdatum:	Derzeitige Position: seit:		Stellen-Nr.: Bemerkungen:
Möglicher Nachfolger in 2 Jahren: Name: Vorname: geb.: Eintrittsdatum:	Derzeitige Position: seit:		Stellen-Nr.: Bemerkungen:
Möglicher Nachfolger in 3–5 Jahren: Name: Vorname: geb.: Eintrittsdatum:	Derzeitige Position: seit:		Stellen-Nr.: Bemerkungen:
Aufgestellt von: .... Datum			.... Unterschrift
Weitere Bearbeitungs- und Genehmigungsvermerke:			

Abb. 4: Nachfolgeplanung
RKW-Handbuch „Personalplanung", S. 304, Hermann Luchterhand Verlag, Neuwied und Frankfurt/M.

2.2.1. Erstellung eines langfristigen Organigramms

Als Hilfestellung bei der Entwicklung des strategischen Nachfolgekonzeptes kann eine spezielle Kennzeichnung der Stellen zu einer rascheren Übersicht verhelfen.

Nachfolgend haben Sie die zu verwendenden »Plan-Zeichen« (Legende, aus Abb. 3) zusammengefaßt:

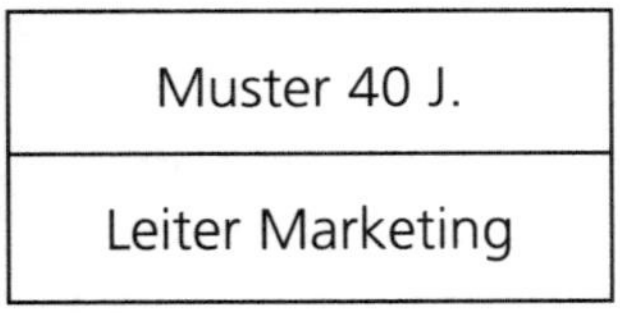

Bezeichnet eine Führungsstelle im Organigramm des planenden Bereiches. Aus der unteren Hälfte des Rechteckes ist die Stelle abzulesen, aus der oberen Hälfte der Name des Stelleninhabers.

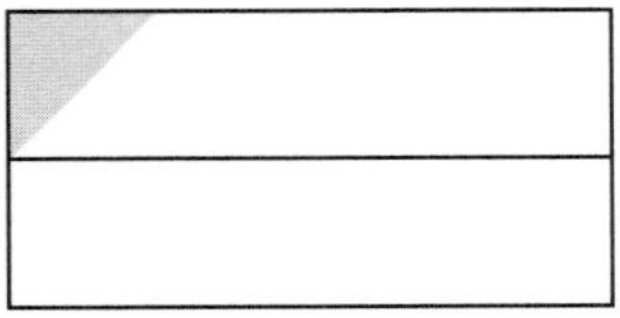

Das Dreieck in der Ecke oben links bedeutet, daß es sich um eine strategisch wichtige Stelle handelt.

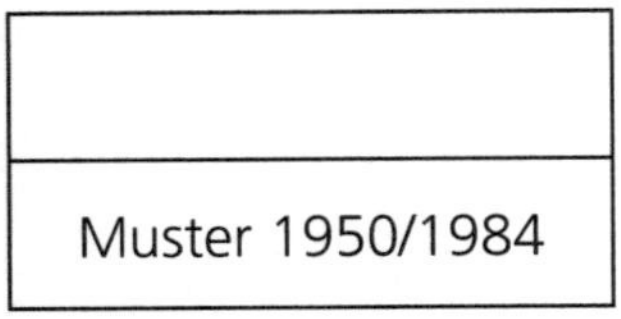

Die Jahreszahlen beim Namen des Stelleninhabers bezeichnen
a) Geburtsjahr
b) Eintritt in das Unternehmen

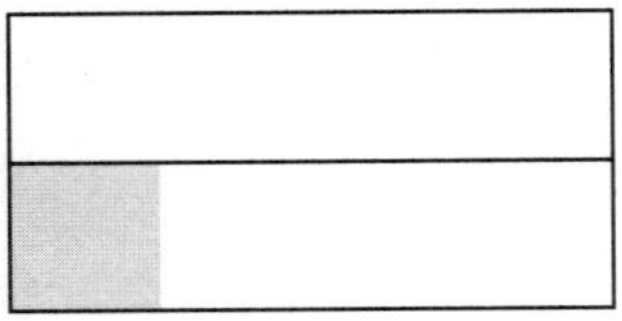

Der breite Balken unten links bedeutet, daß dem Stelleninhaber das Potential für einen Aufstieg um **zwei** oder **mehrere** Führungsstufen zuerkannt wird.

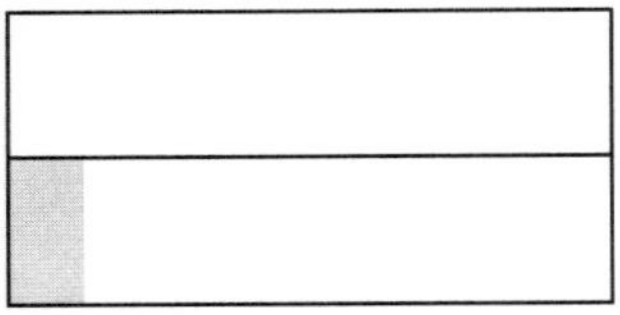

Der schmale Balken unten links bedeutet, daß dem Stelleninhaber das Potential für einen Aufstieg um ungefähr **eine** weitere Führungsebene zuerkannt wird.

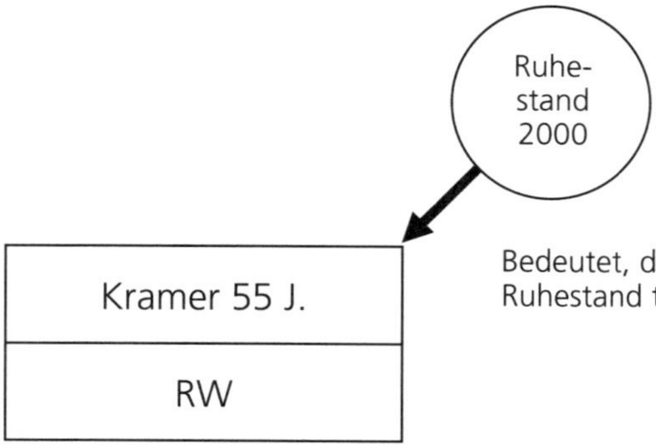

Bedeutet, daß Kramer im Jahre 2000 in den Ruhestand treten wird.

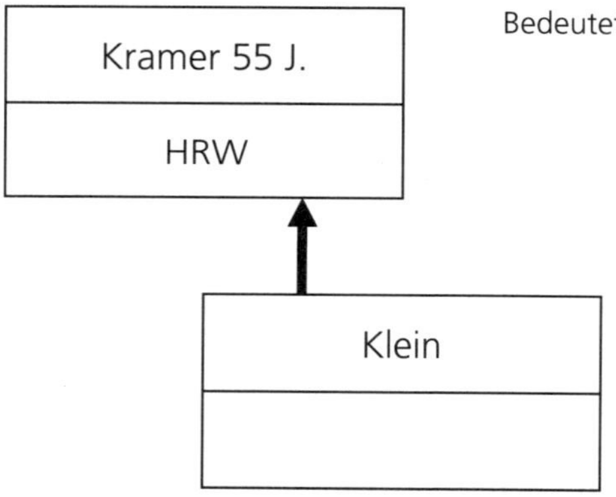

Bedeutet, daß Klein Nachfolgekandidat für Kramer ist.

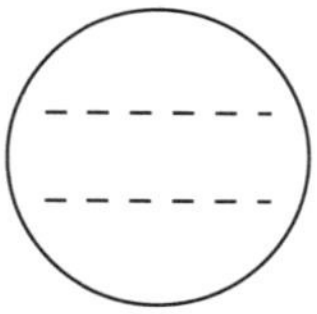

Bezeichnet eine Stelle außerhalb des planenden Bereiches.

Anlehnung: J. Leupold, „Management Developement", mi, Landsberg am Lech, S. 55

2.3. Stellenanalysen aus strategischer Sicht

Die Stellenanalyse ist ein Instrument der Personalentwicklung, wo pro Stelle festgehalten wird,

- welche Haupt- und Einzelaufgaben durchgeführt werden
- die Ziele pro Stelle
- der Informationsfluß
- Leistungskriterien der Stelle
- Anforderungsprofil
- Zusammenarbeit mit anderen Stellen

Die Stellenanalyse hält die Ist-Situation fest und wird speziell für die Veränderungsentwicklung aus der strategischen Unternehmensplanung herangezogen. Dabei wird das künftige Ausmaß der notwendigen Veränderungen, z. B. geändertes Aufgabengebiet, neue Ziele usw., festgehalten. Diese bilden wiederum die Basisarbeit zur Qualifizierung der Mitarbeiter und Führungskräfte. Aus den neuen Stellenanalysen ist der oft enorme Entwicklungsbedarf klar ersichtlich. Die Erstellung des Personalentwicklungskonzeptes baut auf dieser Analyse auf, wobei zusätzlich zur Feststellung der vorhandenen Eignung der Mitarbeiter Potentialanalyseinstrumente (z. B. Assessement-Center) eingesetzt werden.
Dadurch kann ein Soll/Ist-Vergleich von vorhandener Qualifikation zur zukünftigen Qualifikation gemacht werden. Die Differenz ist der Entwicklungsbedarf für die internen Personalmaßnahmen.

2.4. Entwicklung von Anforderungsprofilen

Aus den definierten Stellenanalysen aus strategischer Sicht lassen sich die Kriterien für die Entwicklung eines Anforderungsprofils gut ableiten. Als Grundlage des Anforderungsprofils sollen der definierte Endzustand des Arbeitsergebnisses und des Arbeitsverhaltens herangezogen werden.

Bei der Festlegung des Arbeitsergebnisses können folgende Beobachtungs- und Beurteilungskriterien (Abb. 5) festgehalten werden:

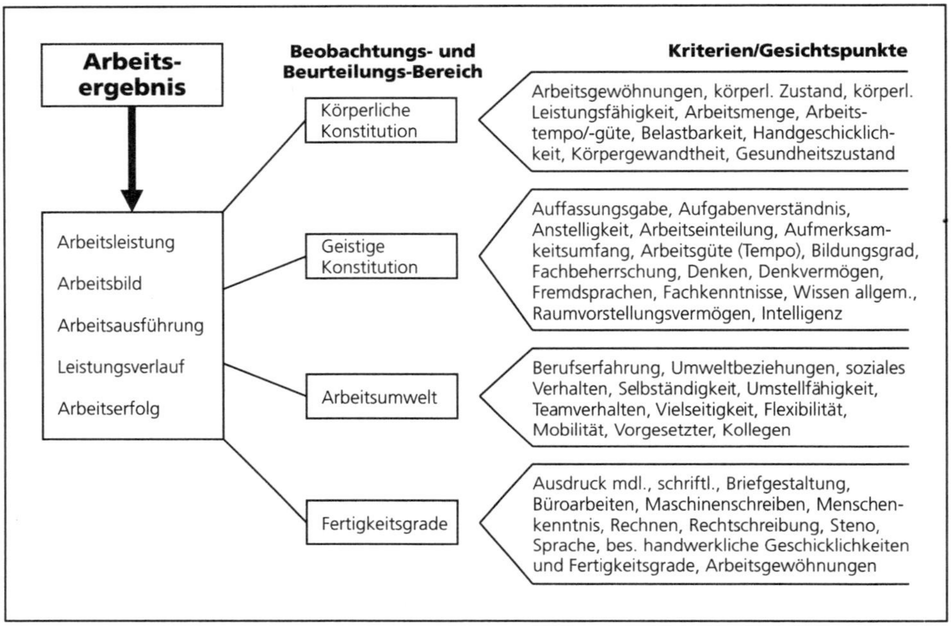

Abb. 5: Beurteilungskriterien Arbeitsergebnis
H. Kuebel, „Taschenbuch für Personalbeurteilung", Sauer Verlag, Heidelberg, S. 20

In der Abb. 6 sind die Beobachtungs- und Beurteilungskriterien für das Arbeitsverhalten zusammengefaßt:

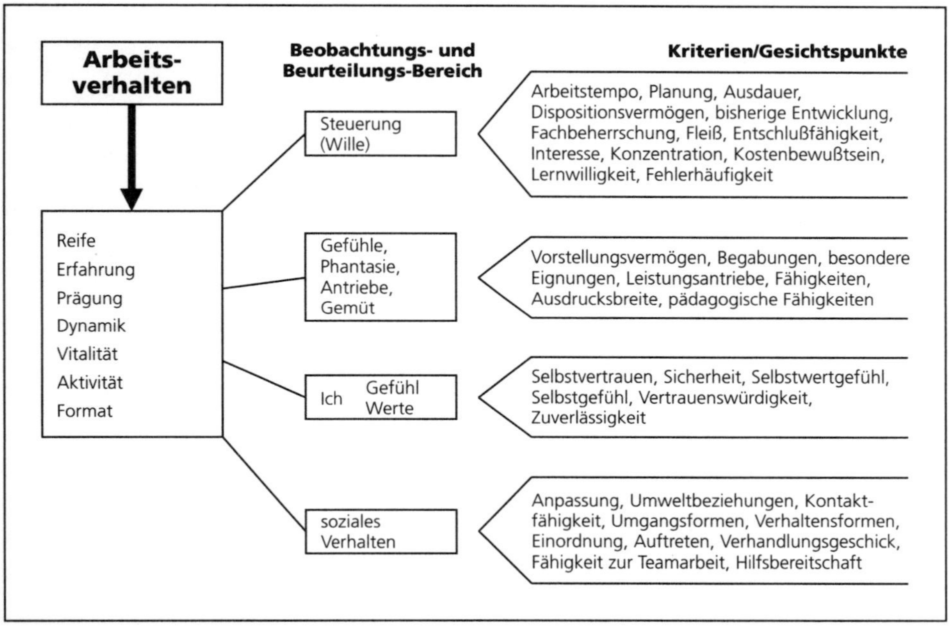

Abb. 6: Beurteilungskriterien Arbeitsverhalten
H. Kuebel, „Taschenbuch für Personalbeurteilung", Sauer Verlag, Heidelberg, S. 21

Zur Entwicklung von Anforderungsprofilen im Unternehmen werden die einzelnen Kriterien der Beurteilung aus dem Merkmalskatalog pro Stelle herangezogen.

Beurteilungsmerkmale
Anpassungsvermögen
Arbeitsvermögen
Auffassungsgabe und geistige Beweglichkeit
Beharrlichkeit
Belastbarkeit und Ausdauer
Beobachtungsgabe
Beurteilungsvermögen
Bildungsgrad
Denk- und Urteilsfähigkeit
Entscheidungsvermögen
Fehlen wegen Krankheit
Führungseigenschaften
Körperliche und gesundheitliche Leistungsfähigkeit
Kontaktfähigkeit
Organisationstalent
Pädagogische Fähigkeiten
Reaktionsvermögen
Technisches Verständnis
Urteilsvermögen
Verläßlichkeit
Vertrauenswürdigkeit
Vorgesetztenfähigkeiten

Arbeitsergebnis
Abrechnung
Aktive Verkaufs- bzw. Beratungszeit
Arbeitsausführung
Arbeitsgüte

Arbeitsleistung
Arbeitsmenge
Arbeitstempo
Beachtung der Unternehmensziele
Beherrschen von Unterrichtsthemen
Besucherfrequenz
Fachkenntnisse im eigenen Bereich, theoretisch und praktisch
Fachkenntnisse in angrenzenden Bereichen
Fehlerfreiheit
Termineinhaltung
Verbesserungsvorschläge
Vielseitigkeit

Arbeitsmethode
Analytisches Denken
Arbeitsplanung
Arbeitsunterbrechungen
Verhandlungsgeschick
Verständnis für betriebliche Zusammenhänge
Verträglichkeit
Vorausschauendes Denken
Vorstellungsvermögen
Wendigkeit
Wirklichkeitssinn
Zielstrebigkeit
Zivilcourage
Zuverlässigkeit

Führungsverhalten
Angemessenheit von Konsequenzen
Anweisungsverhalten
Art der Zielsetzung
Autorität
Ausschöpfen der Verantwortungskompetenz
Beachtung von Richtlinien
Darstellungsmethoden
Eigendynamik
Einhalten von Absprachen
Gesprächsvorbereitung
Informationsaustausch
Kostenbewußtsein
Kundenkarteiführung
Maschinennutzung
Mitwirkung bei Verbesserungen von Arbeitsabläufen
Rationelles Arbeiten
Tourenplanung
Zeitausnutzung
Zweckmäßigkeit
Zusammenarbeit

Erscheinungsbild – Verhaltensweisen
Äußere Erscheinung
Anpassungsfähigkeit
Arbeitseinsatz
Arbeitsinteresse
Auffassungsgabe
Aufgeschlossenheit
Aufgeschlossenheit zur Kritik bzw. für Anregungen
Aufmerksamkeit
Auftreten
Ausdauer
Ausgeglichenheit
Aushilfsbereitschaft
Befähigung zur Teamarbeit
Belastbarkeit
Betriebsinteresse
Dispositionsfähigkeit
Durchsetzungsvermögen
Egoismus
Einfluß auf andere
Einfühlungsvermögen
Einhaltung von Arbeitssicherheitsvorschriften
Einordnung, Unterordnung
Einsatz- und Leistungsbereitschaft
Entwicklungsfähigkeit
Entschlußkraft, Entscheidungsfähigkeit
Fairneß
Fleiß
Findigkeit
Beherrschung von Führungstechniken
Beurteilungsfähigkeit
Eignung zum Vorgesetzten
Einstellung zu Mitarbeitern
Ergebniskontrolle
Fähigkeit und Bereitschaft zum Delegieren
Förderung von Mitarbeitern
Klarheit der Anweisungen
Kontrolle von Mitarbeitern
Mitarbeitereinsatz
Motivierung von Mitarbeitern
Planung der Arbeit für andere
Überblick über die Aufgaben der Mitarbeiter
Verhalten gegenüber Untergebenen
Vorsorge für Vertretungsfälle
Fremdsprachenkenntnisse
Geben von Anregungen
Gedächtnis
Geistige Beweglichkeit
Geschäftssinn

Geschicklichkeit, manuelle Fähigkeit
Gesundheit, Krankheitszeiten
Gründlichkeit, Sorgfalt
Hilfsbereitschaft
Ideenfindung
Ideenreichtum
Informationsaufrichtigkeit
Informationsbereitschaft
Initiative
Intelligenz
Klarheit und Folgerichtigkeit des Denkens
Kontaktfähigkeit
Konzentration
Lernfähigkeit
Lernwilligkeit
Menschenkenntnis
Nervosität
Ordnung und Sauberkeit am Arbeitsplatz
Organisationsfähigkeit
Pädagogische Fähigkeiten
Fähigkeiten zum Anleiten
Persönliche Ausstrahlung
Persönlichkeit, Format, Reife
Pflichtbewußtsein, Pflichtgefühl
Pünktlichkeit
Rechenfertigkeit
Selbständigkeit im Tun und Denken
Selbstvertrauen
Soziales Verhalten, soziale Einstellung
Sprachliche Ausdrucksfähigkeit (mündlich und schriftlich)
Takt
Technische Begabung
Theoretisches Verstehen
Überblick
Umgang mit Kunden
Umgangsformen
Umsicht
Urteilsvermögen
Verantwortungsbewußtsein
Verantwortungsbereitschaft
Verhalten gegen Vorgesetzte

Persönlichkeit
Ästhetischer Geschmack
Äußere Erscheinung
Auffassungsgabe
Aufrichtigkeit/Vertrauenswürdigkeit
Charakterliche Grundhaltung
Ehrgefühl
Ehrgeiz
Geistige Regsamkeit
Intuitives Denken
Logisches Denken
Ordnungsgefühl
Pflichtbewußtsein
Rechtsempfinden
Sachdisziplin
Schönheitssinn
Selbstbewußtsein
Selbstkritikfähigkeit

Anlehnung „Manager Magazin", 08/86

In Form eines Workshops mit einem Kreis von Führungskräften werden die Anforderungskriterien pro Stelle festgehalten und gemeinsam abgearbeitet:

- Wie stellen wir uns einen idealen Mitarbeiter unseres Unternehmens vor?
- Wie sollen sich mittel- und langfristig unsere Mitarbeiter entwikkeln?
- Welche Merkmale sollten bei den Mitarbeitern strategieorientiert besonders hoch ausgeprägt sein?
- Für welche Positionen empfiehlt sich ein Anforderungsprofil überhaupt zu erstellen?

- Wer gehört zum Teilnehmerkreis der Projektgruppe zur Entwicklung der Anforderungsprofile?
- Wie lassen sich die wichtigsten »Basismerkmale« zusammenfassen?
- Welche Merkmale sollen die Führungskräfte zusätzlich aufweisen?
- Definition jedes einzelnen Merkmals nach folgenden Überlegungen:
  a) positive beobachtbare Kriterien zum Merkmal
  b) negative beobachtbare Kriterien zum Merkmal
  c) Beobachtungsgrundlagen und Bewertungssystem (Tendenzen)
- Einführungsplan der Anforderungsprofile

2.5. Möglichkeiten der Eignungsprofilerkennung

Die Überprüfung der vorhandenen Potentiale der wichtigsten Mitarbeiter und Führungskräfte im Unternehmen kann durch mehrere Vorgangsweisen erfolgen. Das wirksamste Instrument, Potentiale in einem hohen, objektiven Ausmaß festzustellen, ist mit dem Einsatz des Assessment-Centers gewährleistet.

2.5.1. Das Assessment Center

Das Assessment-Center (AC) wurde bereits vor Jahren in amerikanischen, deutschen und englischen Unternehmen zur Auswahl von Führungskräften eingesetzt. Für die Eignungsfeststellung eignet sich das AC deshalb hervorragend, da mehrere Beobachter an mehreren Teilnehmern, unter Verwendung verschiedener Aufgabenstellungen, anhand vorher genau definierter Anforderungskriterien eine Einschätzung des Entwicklungspotentials vornehmen.

Die Beobachter beim AC kommen meist aus den oberen Hierarchierängen des Unternehmens. Die Beobachter werden sehr intensiv in die Aufgabe der Beobachtung eingeschult. Ein außenstehender Moderator leitet den Ablauf des AC und koordiniert die Beobachterkonferenz, in der die einzelnen Beobachtungen je Teilnehmer zusammengefaßt und diskutiert werden.

Die im AC zu erfüllenden Aufgaben für die Teilnehmer können aus unterschiedlichen Gesichtspunkten entwickelt werden. Das AC ist nur dann erfolgreich bei der Analyse des Entwicklungspotentials, wenn die Aufgaben und Fallbeispiele möglichst aus dem praktischen Arbeits- und Lernfeld der Teilnehmer kommen.

Beim AC können folgende Aufgaben angewendet werden:

- Präsentationen (Wirkungsvolles Auftreten)
  - Themen aus dem aktuellen Unternehmensgeschehen
- Führungsgespräch (Kommunikationsverhalten)
  - ein Teilnehmer spricht als Vorgesetzter zu einem anderen Teilnehmer über ein bestimmtes aktuelles Thema
- Führerlose Gruppendiskussion (Verhalten im Team)
  - alle Teilnehmer diskutieren gemeinsam ein bestimmtes Thema
- Planungsaufgaben (Arbeitseffizienz)
  - Postkorb-Übung (Erledigung einer Reihe von Aufgaben nach bestimmten Prioritäten)
  - organisatorische Planungsaufgaben aus der Praxis des Unternehmens

Ein Potentialdiagnose-AC dauert erfahrungsgemäß, je nach Intensität von praktischen Übungen und umfangreichen Aussageinformationen der einzelnen Kriterien pro Teilnehmer, bis zu vier Tagen.

Bei folgenden personalpolitischen Veränderungen empfiehlt sich der Einsatz des Potential-Analyse-ACs:

- Einsatz von neuen Mitarbeitern auf neuen Positionen
- Versetzung von Mitarbeitern
- Förderung von bestimmten Verhaltensdefiziten
- bei der Nachfolgeplanung (am meisten eingesetzt)
- Karriereplanung
- Beschaffung neuer Mitarbeiter
- systematische, freiwillige Überprüfung der Entwicklungsfortschritte

Folgende Mängel können beim Einsatz des ACs zur Potentialdiagnose auftreten:

- kein definiertes Personalentwicklungskonzept
- Stellenwert des ACs bei der Unternehmensleitung nicht anerkannt
- Beobachter nehmen die Aufgabe zu leicht
- keine Einschulung der Beobachter
- mangelnde Öffentlichkeitsarbeit im Unternehmen über das AC
- Verlierersyndrom für Mitarbeiter mit wenig Potentialaussage
- nicht machbare Entwicklungs- und Fördermaßnahmen
- kein Feedback-Gespräch pro Teilnehmer über die Potentialaussage mit Fördermöglichkeiten
- unklar festgelegte Beobachtungskriterien
- Beobachtungskriterien werden vorgegeben und nicht im Unternehmen erarbeitet
- Beobachter verhalten sich störend während dem AC und geben bereits im AC Feedback an die Teilnehmer weiter
- bei Rückkehr des Mitarbeiters an seinen Arbeitsplatz mangelnde Akzeptanz des Vorgesetzten aufgrund des AC-Ergebnisses
- Angst und Frustration bei den schwächeren Teilnehmern
- mangelnde AC-Vorbereitung führt zu Unstimmigkeiten in der Mannschaft
- Förderprogramm wird nicht exakt definiert
- Förderprogramm wird nicht eingehalten – Enttäuschung beim Teilnehmer
- Teilnehmer unterstellen den Beobachtern fehlende Beobachterkompetenz

Auf alle Fälle kann zusammenfassend gesagt werden, daß beim Einsatz des ACs zur Potentialanalyse ein systematisches Personalentwicklungskonzept vorhanden sein muß, das von allen Verantwortlichen im Unternehmen getragen wird und allen Mitarbeitern bekannt gemacht worden ist.

2.6. Entwicklung von Minimal- und/oder Überschußqualifikation aus der strategischen Personalentwicklungsplanung

Aus dem strategischen Unternehmenskonzept ergibt sich für die Personalentwicklungskonzeption immer wieder die Frage: »Braucht das Unternehmen ›nur‹ eine Minimalqualifikation seiner Mitarbeiter und Führungskräfte, oder sollen die anforderungsbezogenen Kompetenzen zu einer ›Überschußqualifikation‹ entwickelt werden (Abb. 7)?«

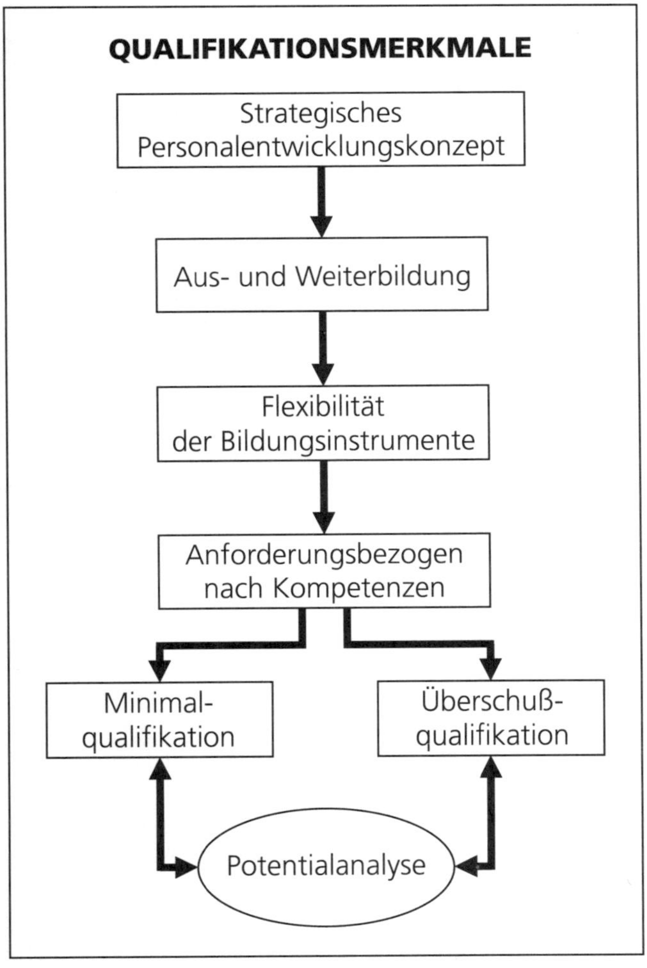

Abb. 7:
Qualifikationsmerkmale

Wo ergibt sich der Unterschied in der Qualifikation zwischen
a) Minimal
b) Maximal?

Die Abbildung 8 gibt einen grafischen Überblick darüber.

QUALIFIKATIONSMERKMALE

Was ist der Unterschied zwischen

Qualifikation

Minimal	Überschuß
• minimale Qualifikation ist sehr einseitig	• hohe Bereitschaft für Veränderungen
• kaum Flexibilität möglich	• Flexibilität vorhanden
• Lern- und Umstellungsfähigkeit sehr gering	• hohe Anforderungen an das System
• starre Strukturen	• vernetztes Denken eher möglich
• hohe Investitionskosten bei Veränderungen	• nur laufende Weiterbildungskosten
• meist demotivierte Mitarbeiter	• Mitarbeiter motiviert (Verhalten = Motivation × Qualifikation)
• Zusammenhänge werden nicht wahrgenommen	• Gefahr des Abwanderns, wenn die Strukturen zu starr und nicht klar sind
• Engagement der Mitarbeiter hinkt nach	• Interessensbreite schafft Engagement
• Arbeitszeit wird nicht voll genützt	

Abb. 8:
Unterschied Minimal-, Überschußqualifikation

Die Unternehmen, die ihre Mitarbeiter in Richtung Überschuß-Qualifikation entwickeln, werden auf Dauer wesentlich erfolgreicher sein

als jene, die nur versuchen mit einer Minimal-Qualifikation auszukommen.
Einige Unternehmen haben sogar eine bewußte Strategie entwickelt zur Forcierung der Überschußqualifikation, damit die guten Mitarbeiter, welche sich beruflich von der Firma trennen, den Geist, das erlernte Wissen, die Kontakte usw. wiederum rückwirkend auf das Unternehmen einsetzen.

2.7. Entwicklung eines Führungsnachwuchsprogrammes

2.7.1. Bedarfserhebung

Aus dem definierten strategischen Nachfolgeplan wird festgelegt, welche Positionen, in welcher Zeit, mit welchen Kompetenzen (Fähigkeiten), mit wem (Nachwuchsführungskräften) entwickelt werden sollen. Das Zielsystem des Unternehmens und hier speziell die Unternehmensstrategie gibt an, wie weit die bisherigen unternehmerischen Funktionen (Aufgaben und Anforderungen pro Stelle) dem Strategiekonzept angepaßt werden müßten. Für die Feststellung eines Führungsnachwuchsprogrammes ist demnach wichtig, daß im Unternehmen geklärt wird, wer überhaupt als »Nachwuchs« in Frage kommt.

Zur Feststellung des Nachwuchspotentials empfiehlt sich, ein sogenanntes »Nachwuchspotential-Portfolio« (Abb. 9) zu erstellen.

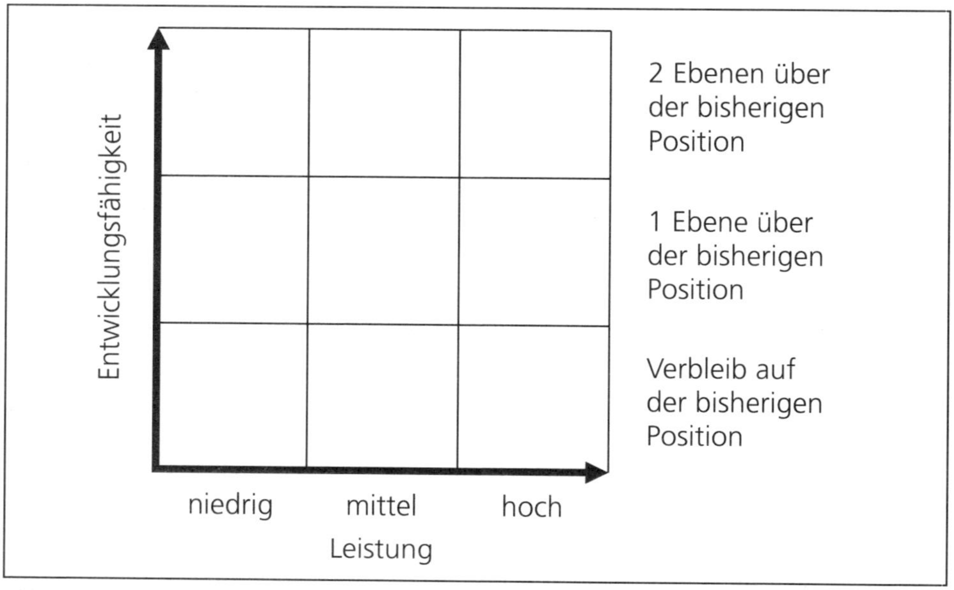

Abb. 9: Nachwuchspotential-Portfolio

Dieses Portfolio hilft, einen guten Überblick über die Bedarfserhebung des Nachwuchs-Kaders zu erhalten. Die Führungskräfte definieren aus ihren Bereichen heraus die jeweils dafür in Frage kommenden Nachwuchskräfte, ob diese in den jetzigen Positionen bleiben sollen und ein niedriges oder hohes Leistungsniveau besitzen, oder ob sie für eine oder zwei Ebenen höher im Unternehmen aufgrund des hohen Leistungsverhaltens und Entwicklungspotentials entwickelt werden könnten.

Die nachstehende Checkliste hilft die Bedarfserhebung übersichtlich zu organisieren:

- Ist eine Unternehmensstrategie definiert?
- Sind die Nachfolgefragen geklärt?
- Gibt es einen Überblick über die Nachfolgepotentiale?
- Ist das Nachfolgeportfolio erstellt und interpretiert worden?

- Gibt es geeignete Potentialanalyse-Instrumentarien?
- Sind die Grundsätze der Entwicklungsarbeit schriftlich festgelegt?
- Sind die Entwicklungsprogramme abgestimmt auf die Nachwuchskräfte?
- Wie sehen die Tätigkeiten im Rahmen der Qualifizierung aus?
- Ist die Rolle der Vorgesetzten als Entwickler klar definiert und mit klaren Aufgaben festgehalten?
- Ist die Führungsnachwuchsplanung und -entwicklung konzeptionell in Form von genauen Maßnahmen/Aktivitäten, Verantwortlichkeiten, Budgeteinsatz, Zeitlimits festgelegt?
- Sind laufende Führungsnachwuchs-Gespräche und Erfahrungsaustauschrunden geplant?

2.7.2. Festlegung der individuellen Entwicklungspläne

Zur Umsetzung der individuellen Entwicklungspläne des Führungsnachwuchses können folgende Personalentwicklungsinstrumente herangezogen werden:

- Job rotation
- systematische Aus- und Weiterbildung in den Bereichen Fach-, Methoden-, Verhaltens- und Führungswissen
- Projekte und Sonderaufgaben
- Kennenlernen neuer Verfahren und technischer Geräte
- Job enrichment
- Stellvertretungen
- Entsendungen z. B. in andere Unternehmen, ins Ausland

Die Abb. 10 zeigt den Entwicklungsplan einer Nachwuchskraft auf.

ENTWICKLUNGSPLAN

Name:

Position: Entwicklung zur Position:

Zeitplan / Aktivitäten	19 . .	19 . .	19 . .	19 . .	19 . .
Job rotation					
Systematische Weiterbildung					
Projekte/ Sonderaufgaben					
Job enrichment					
Stellvertretungen					
Entsendungen					

Entwicklungspate: Zur Kenntnis genommen:

Erstellt am:

Abb. 10: Entwicklungsplan

2.7.3. Werteorientierung beim Führungsnachwuchs

Bei der Bearbeitung des Führungsnachwuchses ist eine Veränderung der Werte bei den Nachwuchskräften feststellbar.
In einer Studie von Prof. Dr. Lutz von Rosenstiel hat dieser folgende Werteveränderungen festgestellt:

- *nur noch rund 25% der Nachwuchs-Führungskräfte sind Karrieristen*

  Die meisten von den Nachwuchskräften wollen nicht mehr die harte Kadermasche mitmachen. Für sie ist Karriere inzwischen gleichbedeutend mit freiwilligem Engagement und kreativer Herausforderung. Sie wollen keine Anpassung und Rückgrats-Brecherei mehr.

- *rund 35% sind Freizeit-Orientierte*

  Sie wollen, daß sich die Freizeitwerte, die Heiterkeit, Lebensfreude, Ehrlichkeit, Rücksicht und Toleranz in die Arbeitswerte integrieren. Sie wollen weg von der altväterlichen Auffassung, daß Arbeit anstrengend, belastend und zerstörerisch sein muß. Ihr Motto: Mehr Leistung, wenn die Arbeit Spaß macht.

- *rund 40% sind Alternativ-Orientierte*

  Für sie sind ökologische und ethische Dimensionen extrem wichtig. Hier sind besonders die sensibleren Nachwuchskräfte versammelt. Sie können nur gewonnen und begeistert werden, wenn die Menschlichkeit und Integrität der Unternehmen genauso strikt auf Wachstum ausgerichtet sind wie der Umsatz.

Betrachtet man diese neuen Gruppierungen bei der Entwicklung eines Nachwuchsprogrammes, so wird klar, daß der Chef immer mehr zum Mentor und Coach seiner Nachwuchsmannschaft wird.
Der Nachwuchs ist weder gegen Leistung noch gegen Chefs und Eliten-Führung eingestellt. Im Gegenteil: Man will mehr charismatische Führer, aber strikt im modernen Sinne, weil inzwischen ganz offensichtlich in Sachen Charisma ebenfalls ein großer Wertewandel stattgefunden hat.

2.8. Strategieorientiertes Personalportfolio

Im Rahmen der Führungsnachwuchsplanung haben wir bereits ein Portfolio (Abb. 10) vorgestellt. Um im gesamten Unternehmen einen Überblick über das Leistungsverhalten und Entwicklungspotential der Mitarbeiter zu erhalten, wird mit dem »Personalportfolio« (Abb. 11) ein diesbezüglicher Überblick geschaffen.

WIE SIEHT IHR PERSONALPORTFOLIO AUS?

Leistungsverhalten			
	hoch	solider Arbeiter Leistungsträger (work horses, solid citizen)	Spitzenkandidaten (stars)
	niedrig	Mitläufer (dead wood)	Fragezeichen (question marks, wild cats, problem employees)
		niedrig	hoch
		Entwicklungspotential	

Wie sieht das aktuelle Leistungsverhalten aus?
Wie soll das zukünftige Entwicklungspotential aussehen?

Abb. 11: Personalportfolio

Die Führungskräfte im Unternehmen versuchen, ihre Mitarbeiter in die vier Felder des Portfolios einzuordnen.

Bei jedem Feld ergibt sich somit ein Handlungsbedarf, wobei die Führungskräfte auch das gezeigte Leistungsverhalten und Entwicklungspotential vorher gemeinsam definieren.

Als erster Schritt wird das gegenwärtige Leistungsverhalten und Entwicklungspotential aller Mitarbeiter eingeschätzt. Im zweiten Schritt werden die künftigen Überlegungen aus dem Strategiekonzept zum

Leistungsverhalten und geforderten Entwicklungspotential festgehalten.
Nach der Einschätzung des künftigen Portfolios werden die dafür notwendigen Veränderungsmaßnahmen in Form von Aktivitäten zusammengefaßt.

2.8.1. Kriterien für Portfolio-Felder mit Fördervorschlägen

Im Rahmen einer Strategieentwicklung wurden die Kriterien mit Fördermaßnahmen für die einzelnen Portfolio-Felder beispielhaft erarbeitet:

Stars – hohes Entwicklungs- und Leistungspotential

Leistungsverhalten
- leistungsorientiert
- anerkennungswürdig
- stark motivierbar
- lernbegierig

Entwicklungspotential
- innovativ
- zielorientiert
- offen

Maßnahmen
- Leistung anerkennen, monetär und sozial
- Ziele – deckungsgleich / Vertriebsplan
- Entwicklungsmöglichkeiten offerieren
- Gefahr: Einzelgänger

Leistungsträger – hohes Leistungsverhalten, niedriges Entwicklungspotential

Leistungsverhalten
- fleißig
- belastbar
- nimmt Überstunden gelassen hin

- wenig Urlaub und Krankenstände
- nicht flexibel
- nicht initiativ
- nicht aufgeschlossen
- fachliche Weiterbildung sehr einseitig

Maßnahmen
- Fördergespräch führen
- Job rotation
- Zukunftsvorstellung definieren
- Persönlichkeitsentwicklung fördern
- Job enrichment
- Delegieren lernen

Mitläufer – niedriges Entwicklungs- und Leistungspotential

Leistungsverhalten
- schiebt Verantwortung ab
- teilt sich Arbeit nach Sollarbeitszeit ein und hält sich an diese Zeit
- verdiskutiert Probleme
- trifft keine Entscheidungen
- delegiert weiter oder rück
- hat für alles Entschuldigungen
- schlechtere Beispiele

Entwicklungspotential
- lehnt Seminare ab
- Entschuldigungen bei interner Ausbildung
- lehnt Problemlösungen ab
- ist betriebsblind
- lügt

Maßnahmen
- Fördergespräch – gut vorbereitet, sachbezogen
- Projekte übertragen in Eigenverantwortung – Erfolgskontrolle
- MA-Beurteilung
- Einbindung in Gruppenkontrolle
- Seminar über gruppendynamisches Verhalten

- genaue schriftliche Anweisungen
- Zeitpläne erstellen
- Trennung

Fragezeichen – Leistungsverhalten niedrig, Entwicklungspotential hoch

Leistungsverhalten, Entwicklungspotential
- könnte – Wille fehlt
- keine Freiräume, keine Verantwortung, Aussteiger
- Kritiker
- falsche Verwendung
- geringe Ausbildung

Maßnahmen
- Analyse der Ursachen (Fördergespräch)
- Wünsche feststellen
- Zielvorstellungen erfragen
- Karriereplan besprechen
- Förderung der Ausbildung
- Job rotation

2.9. Karriereplanung im Unternehmen

Aus den Stellenanalysen, dem strategischen Personalportfolio, dem Einsatz von Potentialanalyse-Assessment-Centern, Förder- und Beurteilungsgesprächen mit Mitarbeitern und Führungskräften ergeben sich aktuelle und zukünftige Hinweise von Qualifizierungsmaßnahmen pro Mitarbeiter zur dauerhaft erfolgreichen, hohen Einsatzbereitschaft.
Die Karriereplanung gibt einen systematischen Überblick über die geplanten Entwicklungsmaßnahmen pro Mitarbeiter.
Heute ist die zukunftsorientierte Karriereplanung bereits ein wichtiger Personalmarketingfaktor. Bei vielen Absolventen spricht sich's am Markt schnell herum, in welchem Unternehmen man karriereorientiert entwickelt wird und wo dies weniger oder gar nicht der Fall ist.

Zur Karriereorientierung im Unternehmen ist die Bearbeitung folgender Fragen notwendig:

- Ist das Organigramm der Zukunft klar definiert?
- Ist klar, wie sich die einzelnen Positionen entwickeln müssen?
- Sind die strategischen Anforderungen pro Stelle ausreichend formuliert?
- Ist das Eignungsprofil der bisherigen Mannschaft erfaßt und mit den zukünftigen Anforderungskriterien abgestimmt worden?
- Ist innerbetrieblich festgelegt, was man im Unternehmen, in welcher Form, wann, unter welchen Voraussetzungen und Bedingungen, wie werden kann?
- Sind die Entwicklungsschritte pro Stelle zusammengefaßt?
  - Projekte, Qualitätszirkel, Job rotation, Job enrichment/enlargement, Stellvertretung, Auslandseinsätze, Aus- und Weiterbildung usw.
- Ist geklärt, wie man überhaupt im Unternehmen eine Führungskraft, ein Trainer, ein Geschäftsführer usw. werden kann?
- Wird festgelegt, welcher Mitarbeiter welche Entwicklungsmaßnahmen in welcher Zeit durchführen soll?

Als Unterstützung und zur Verschaffung eines Überblickes zur Karriereplanung im Unternehmen und für jeden einzelnen Mitarbeiter soll eine Entwicklungskartei (Abb. 12) angelegt werden.

Name	Vorname	Pers.-Nr.
Beruf	Geb.-Datum	Eintr.-Datum

Sprachen – Grad der Beherrschung	Auslandstätigkeit

SCHULBILDUNG/STUDIUM			
Schulart	von	bis	Abschluß
BERUFSAUSBILDUNG			
Ausbildungsbetrieb	von	bis	Ausbildungsberuf
PRAKTIKANTENTÄTIGKEIT			
Unternehmen	von	bis	Art der Tätigkeit
BERUFLICHER WERDEGANG			
Unternehmen	von	bis	Funktion

BESCHÄFTIGUNG IM UNTERNEHMEN			
Abteilung	von	bis	Funktion
TEILNAHME AN FORTBILDUNGSVERANSTALTUNGEN			
Veranstalter	von	bis	Thema

BEURTEILUNG	Beurteilungstermin				
	19 . .	19 . .	19 . .	19 . .	19 . .
Derzeitige Eignung					
Künftige Entwicklung – Beibehaltung der jetzigen Aufgabe					
– Erweiterung der jetzigen Aufgabe					
– Gleichwertige andere Aufgabe					
– Anspruchsvolle andere Aufgabe					
ENTWICKLUNGSWUNSCH	ENTWICKLUNGSZIEL				

ENTWICKLUNGSMASSNAHMEN		
vorgesehene Position	Maßnahmen	vorauss. Termin

Abb. 12: Entwicklungskartei
Quelle: Vgl. Mentzel, W., Unternehmenssicherung durch Personalentwicklung, a. a. O., 1985, S. 132/133
RKW-Handbuch „Personalplanung“, S. 296, Hermann Luchterhand Verlag, Neuwied u. Frankfurt/M.

2.9.1. Überprüfung der Laufbahnsituation im Unternehmen

Wenn Sie bereits erfolgreich mit Karriere- und Entwicklungsplänen arbeiten, sollten Sie von Zeit zu Zeit aus zentraler unternehmerischer Sicht die bisherige Laufbahnzufriedenheit der Mitarbeiter und Führungskräfte überprüfen.

Der Fragebogen zur Überprüfung der »Laufbahn-Zufriedenheit« bringt, wie aus dem praktischen Einsatz heraus bekannt, viele Gestaltungsmöglichkeiten und neue Erkenntniswerte zur neuerlichen Überarbeitung der einzelnen Personalentwicklungsinstrumente. Ferner wird auch die Wirkungsweise der bisherigen Veränderungsmaßnahmen damit überprüft.

a) Wenn Sie die Entwicklungsmöglichkeiten Ihrer Laufbahnsituation hinsichtlich Ihres Potentials und Ihrer Fähigkeiten mit denen anderer vergleichen, inwieweit stellen Sie diese Möglichkeiten zufrieden?

o Ich bin sehr zufrieden mit meinen Möglichkeiten
o Ich bin einigermaßen zufrieden mit meinen Möglichkeiten
o Ich bin etwas unzufrieden mit meinen Möglichkeiten
o Ich bin sehr unzufrieden mit meinen Möglichkeiten

b) Inwieweit entspricht Ihrer Meinung nach Ihr Gehalt der Ihnen übertragenen Verantwortung und den Aufgaben, die Ihre Position bereithält?

o In Anbetracht meiner Verantwortung und meiner Aufgaben glaube ich, daß mein Gehalt WESENTLICH höher sein sollte

o In Anbetracht meiner Verantwortung und meiner Aufgaben glaube ich, daß mein Gehalt ETWAS höher sein sollte

- o In Anbetracht meiner Verantwortung und meiner Aufgaben glaube ich, daß mein Gehalt meiner Position entspricht
- o In Anbetracht meiner Verantwortung und meiner Aufgaben glaube ich, daß mein Gehalt etwas zu hoch ist

c) Inwieweit sind Sie mit Ihrem derzeitigen Vorgesetzten zufrieden, wenn Sie Ihre allgemeinen Erfahrungen mit früheren Vorgesetzten vergleichen?

- o sehr zufrieden
- o einigermaßen zufrieden
- o etwas unzufrieden
- o sehr unzufrieden

d) Inwieweit sind Sie mit Ihrem unmittelbaren Vorgesetzten hinsichtlich seines Fachwissens und seiner Fähigkeit, Vorschläge zu unterbreiten, Entscheidungen zu treffen, Stellungnahmen abzugeben usw. in Ihrem Arbeitsbereich zufrieden?

- o sehr zufrieden
- o einigermaßen zufrieden
- o etwas unzufrieden
- o sehr unzufrieden

e) Inwieweit sind Sie mit den Führungseigenschaften Ihres unmittelbaren Vorgesetzten und den Anregungen, die er Ihnen bei Ihrer Arbeit gibt, zufrieden?

- o sehr zufrieden
- o einigermaßen zufrieden
- o etwas unzufrieden
- o sehr unzufrieden

f) Inwieweit sind Sie mit den charakterlichen Eigenschaften Ihres unmittelbaren Vorgesetzten wie Verständnis, Aufrichtigkeit und Entgegenkommen zufrieden?

- o sehr zufrieden
- o einigermaßen zufrieden
- o etwas unzufrieden
- o sehr unzufrieden

g) Inwieweit entsprechen diejenigen, mit denen Sie – abgesehen von Ihrem Vorgesetzten – regelmäßig und sehr eng zusammenarbeiten, Ihren Vorstellungen?

- o Sie entsprechen fast völlig meinen Vorstellungen
- o Manchmal entsprechen sie nicht meinen Vorstellungen, aber generell bin ich mit ihnen zufrieden
- o In manchen wichtigen Dingen entsprechen sie nicht meinen Vorstellungen, und im allgemeinen verhalte ich mich neutral ihnen gegenüber
- o In vielen wichtigen Dingen entsprechen sie nicht meinen Vorstellungen, und generell bin ich mit ihnen nicht zufrieden

h) Inwieweit kann Ihnen nach Ihrer Meinung und Ihren Vorstellungen Ihre Position in dem Unternehmen, in dem Sie gegenwärtig beschäftigt sind, zukünftige Entwicklungsmöglichkeiten bieten?

- o Sie bietet mir meinen Vorstellungen entsprechende und darüber hinausgehende Möglichkeiten
- o Die Möglichkeiten entsprechen nicht völlig meinen Vorstellungen, sind aber ausreichend, um mich zufriedenzustellen
- o Die Möglichkeiten müßten ETWAS größer sein, um mich zufriedenzustellen
- o Die Möglichkeiten müßten BEDEUTEND größer sein, um mich zufriedenzustellen

i) Falls Ihnen ein anderes Unternehmen eine Position zu Bedingungen anböte, die mit den jetzigen weitestgehend übereinstimmen, inwieweit würden Sie ernsthaft einen Wechsel in Betracht ziehen?

o Ein derartiges Angebot wäre sehr interessant, und ich würde mir einen Wechsel bestimmt überlegen
o Ich wäre interessiert und würde einen Wechsel nicht ausschließen
o Ich wäre interessiert, glaube jedoch nicht, daß ich den Wechsel vornehmen würde
o Das Angebot würde mich keineswegs interessieren

j) Wenn Sie sich mit Kollegen und Bekannten und deren Laufbahnsituation vergleichen, inwieweit sind Sie mit Ihrer Situation zufrieden?

o sehr zufrieden
o einigermaßen zufrieden
o etwas unzufrieden
o sehr unzufrieden

k) Am Anfang Ihres Berufslebens hatten Sie – vielleicht vage – Vorstellungen darüber, wie erfolgreich Sie bis zur heutigen Zeit sein würden. Wenn Sie diese Erwartungen mit Ihrer jetzigen Situation vergleichen, inwieweit sind Sie dann zufrieden?

o Meine Karriere verlief weit besser, als ich erwartet hatte
o Meine Karriere verlief etwas besser, als ich erwartet hatte
o Meine Karriere verlief nicht genau so, wie ich es erwartet hatte, aber der Unterschied zwischen meinen Erwartungen und dem Erreichten ist gering
o Meine Karriere verlief nicht so, wie ich es erwartet hatte, und es besteht ein riesiger Unterschied zwischen meinen Erwartungen und dem Erreichten

l) Inwieweit sind Sie mit der Sicherheit Ihres Arbeitsplatzes und Ihrer Arbeit im Unternehmen zufrieden (vorausgesetzt, Sie führen Ihre Aufgaben zufriedenstellend aus)?

o sehr zufrieden
o einigermaßen zufrieden
o etwas unzufrieden
o sehr unzufrieden

m) Inwieweit sind Sie mit dem Prestige Ihrer Abteilung gegenüber anderen Führungsfunktionen und Aufgabenbereichen im Unternehmen zufrieden?

o sehr zufrieden
o einigermaßen zufrieden
o etwas unzufrieden
o sehr unzufrieden

n) Inwieweit sind Sie mit Ihrer Abteilung als einem maßgebenden, erfolgreichen Bereich im Vergleich zu anderen Führungsfunktionen und Aufgabenbereichen in der Wirtschaft zufrieden?

o sehr zufrieden
o einigermaßen zufrieden
o etwas unzufrieden
o sehr unzufrieden

o) Inwieweit stellt Sie das Prestige zufrieden, das Ihre Arbeit im Unternehmen, in Ihrer Umwelt, bei Freunden und Bekannten findet?

o sehr zufrieden
o einigermaßen zufrieden
o etwas unzufrieden
o sehr unzufrieden

p) Inwieweit sind Sie mit den Informationen zufrieden, die Ihnen in Ihrer Abteilung geboten werden?

o sehr zufrieden
o einigermaßen zufrieden
o etwas unzufrieden
o sehr unzufrieden

q) Inwieweit sind Sie mit den vorhandenen Möglichkeiten zufrieden, eigene Ideen zu verwirklichen und Eigeninitiative zu ergreifen?

o sehr zufrieden
o einigermaßen zufrieden
o etwas unzufrieden
o sehr unzufrieden

r) Inwieweit sind Sie mit den Möglichkeiten zufrieden, die Ihnen bei der Anwendung neuer Erkenntnisse und Durchsetzung neuer Richtungen in Ihrer Abteilung geboten werden?

o sehr zufrieden
o einigermaßen zufrieden
o etwas unzufrieden
o sehr unzufrieden

s) Inwieweit sind Sie mit der Anerkennung zufrieden, die Ihre Arbeit im Unternehmen erzielt?
o sehr zufrieden
o einigermaßen zufrieden
o etwas unzufrieden
o sehr unzufrieden

(Aus: „Produktivität und Menschlichkeit", Enke Verlag, Stuttgart, S. 271–275, Zaleznik, Dalton und Barnes)

2.9.2. Erstellung eines Aus- und Weiterbildungspasses

Zur Realisierung von Personalentwicklungsmaßnahmen und gezielten Steuerung des Bildungserfolges empfiehlt sich, die Einführung eines Bildungspasses im Unternehmen vorzunehmen.

Im Bildungspaß werden pro Stelle und Mitarbeiter die wichtigsten Daten zusammengefaßt und unter Einsatz eines Personal-Computer-Programmes laufend gewartet.

Bildungspaß – Aufbau

- Ausbildungspaß für (persönliche Daten des Mitarbeiters)
- Abteilung/Kostenstelle/Personalnummer
- Ausbildung des MA/FK bisher
- Stellenbezeichnung
- Anforderungsprofil
- Ziele und Hauptaufgaben der Stelle
- Grundsätze der Entwicklung
- Laufbahnwege mit Entwicklungsmöglichkeiten
- Eintrittsdatum
- eventuell Traineeprogramm (Stelle, Aufgaben, Kontrolle, Zeitplan)
- Seminarplan (interne und externe Seminare)
  u = unbedingt erforderlich
  m = Besuch ist möglich
  k = keine Vorbemerkung
  x = Seminar wurde bereits besucht
- Seminarabsolvierung mit Erfolgskontrolle
- Personalentwicklungsgrundsätze
- Ausbildungspate
- Lerngesprächstermine mit Ausbildungspaten

Thema	Lerninhalte	Aktivitäten	Zeitplan

Jeder Mitarbeiter, der in der Ausbildung steht, erhält einen Ausbildungspaten (meist der unmittelbare Vorgesetzte), welcher für die umzusetzenden Maßnahmen laut Bildungspaß verantwortlich ist.
Der Bildungspaß dient als Kontroll- und Transferinstrument. Der Bildungspate ist ferner dafür verantwortlich, daß bei Umsetzungsproblemen oder Widerständen anderer Mitarbeiter oder Abteilungen klärende Meetings organisiert werden. Der Bildungspaß wird auch bei den Förder- und Beurteilungsgesprächen herangezogen.

2.9.3. Aufbau eines »Trainee-Programms«

Speziell bei neuen Mitarbeitern wird im Rahmen der Personalentwicklung bereits in einigen Unternehmen für spezielle Positionen ein Trainee-Programm entwickelt. Im Rahmen des Trainee-Programms wird gewährleistet, daß die Mitarbeiter planmäßig verschiedene Bereiche (Abteilungen) im Unternehmen durchwandern, ein abgestimmtes Aus- und Weiterbildungsprogramm und im Rahmen eines bestimmten vorgegebenen Zeitrahmens eine umfassende, vernetzte Qualifikation erhalten.

Bei der Entwicklung eines Trainee-Programms sind folgende Fragen zu beachten:

- Zielsystem des Unternehmens, d. h. welches Ziel soll mit dem Trainee-Programm erreicht werden?
- Sollen Führungskräfte mit hoher Verwendungsbreite geschaffen werden, oder sollen Nachwuchskräfte auf bestimmte Positionen gezielt vorbereitet werden?
- Welche Lern- und Ausbildungsziele in den einzelnen Ausbildungsschritten soll der Trainee erreichen?
- Wie sieht die Personalentwicklungskonzeption dazu aus?
- Welcher Ausbildungsverlauf soll gewählt werden?
- Welche Aufgaben haben die einzelnen Bereichsleiter und Führungskräfte bei der Ausbildung der Trainees?
- Wie lange soll das Trainee-Programm dauern?
- An welchen Standorten soll die Trainee-Ausbildung erfolgen (Unternehmensbereiche im In- und Ausland)?

- Welche Einzelschritte beinhaltet die Aus- und Weiterbildung der Trainees?
- Wie sollte idealerweise die Aufteilung von »on the job-training« (Arbeitsplatz) und »off the job-training« (Seminare) sein?
- Welche begleitenden Weiterbildungsmaßnahmen sind in welcher Phase des Trainee-Planes geplant?
- Gibt es spezielle Seminare für Trainees, oder erfolgt die Einbindung in das innerbetriebliche Weiterbildungsangebot?
- Welche Betreuung erfährt der Trainee während seiner Ausbildung von seiten der Personalverantwortlichen, und welche Ansprechpartner (Trainee-Pate) stehen ihm von den Abteilungen zur Seite?
- Wie, wann und von wem sollte der Trainee beurteilt werden, und nach welchen Beurteilungskriterien ist vorzugehen?

2.10. Personalentwicklungsinstrumente

2.10.1. Job rotation

Job rotation ist der geplante Einsatz eines Lehrlings, Mitarbeiters, einer Führungs- oder Nachwuchskraft an verschiedenen Stellen in verschiedenen Funktionen.
Die Job rotation muß geplant werden, da gerade bei kleineren Unternehmen meist durch die Job rotation Arbeitskräfte verlorengehen, die nachbesetzt werden müssen.

Welche zusammenfassenden Vorteile hat die Job rotation:

- Kennenlernen verschiedener Unternehmensbereiche und Abteilungen
- Forcierung der Lernfähigkeit und -bereitschaft
- vernetztes Denken wird durch das Kennenlernen von betrieblichen Zusammenhängen gefördert
- durch immer neue Abteilungen und Mitarbeiter wird die kommunikative Fähigkeit gefördert
- mehr Verständnis für betriebliche Abläufe und Personen
- Innovation der Lernfähigkeit bleibt ständig erhalten

- Learning by doing
- rasche Entwicklungsmöglichkeit, da konkret praxisorientiert gearbeitet wird
- schnellerer Wissenstransfer von themenübergreifenden Seminaren
- hohe Flexibilität bei der Personaleinsatzplanung

2.10.2. Job enlargement

Job enlargement ist die geplante Vergrößerung des Tätigkeitsfeldes des Mitarbeiters. Es kommen bei der jeweiligen Stelle oder Person – systematisch geplant – neue Tätigkeiten dazu.

Welche Vorteile lassen sich daher erkennen:

- Fähigkeiten werden durch Vergrößerung des Tätigkeitsfeldes forciert und genützt
- bei positiver Erledigung kann auch schrittweise mehr Verantwortung übertragen werden (Job enrichment)
- Aufwertung und Wertschätzung
- Qualifikationssteigerung »on the job«
- Lernbereitschaft wird durch die neuen Aufgaben gefördert

2.10.3. Job enrichment

Beim Job enrichment wird das Tätigkeitsfeld des Mitarbeiters geplant vergrößert: z. B. Abteilungsleiter für Fliesen im Baustoffhandel erhält auch den Sanitärbereich zu seiner Verantwortung übertragen.
Beim Job enrichment erhöhen sich die Anforderungen, Kompetenzen und Verantwortungsbereiche.

Welche Vorteile lassen sich mit Job enrichment zusammenfassen:

- Systematisch geplante Steigerung von Aufgaben und Verantwortung
- gutes Nachwuchsinstrument (zur Übertragung von Projekten mit Verantwortung)
- geplantes Entwickeln »on the job«
- Freispielen des Vorgesetzen durch Übertragung von Aufgaben und Verantwortung

- durch mehr Verantwortung – mehr Akzeptanz und Motivation des Mitarbeiters
- eigene Entscheidungsfähigkeit wird gefördert
- Selbstentwicklung des Mitarbeiters wird durch die Übertragung von Verantwortung gefördert

Diese Personalentwicklungsinstrumentarien werden in der Praxis leider zuwenig oft geplant eingesetzt. Sie bieten eine raschere und praxisbezogenere Qualifikationsmöglichkeit, da das Lernen direkt durch die Aufgabenerfüllung am Arbeitsplatz erfolgt.

Welche Gründe hemmen den erfolgreichen Einsatz von »Job rotation«, »Job enrichment« und »Job enlargement«?

- mangelndes Wissen über Einsatzmöglichkeiten und Chancen
- Personalentwicklungskonzeption nicht vorhanden
- keine Nachfolgeplanung
- Angst, Altes, Bekanntes aufzugeben
- mangelnde organisatorische Flexibilität des Systems
- Ausreden von Mitarbeitern und Führungskräften, z. B. ein Stellenwechsel des Filialleiters ist unseren Kunden nicht zuzumuten
- aktives Lernen im Unternehmen ist untersagt (Zeitverschwendung)
- kein strategisch ausgereiftes Denken und Handeln in der Führungsmannschaft vorhanden (kein definiertes Zielsystem vorhanden)
- zu knappe Personaleinsatzplanung (Freispielen von Mitarbeitern nicht möglich)
- Unternehmen ist mit Minimalqualifikation seiner Mitarbeiter und Führungskräfte zufrieden
- Angst der Vorgesetzten vor zu kompetenten Nachwuchsleuten

2.10.4. Personalentwicklung und Integration von Personal und Organisation

Natürlich soll im Rahmen der Personalentwicklung das Zusammenwirken von *Mensch – Organisation* gewährleistet sein.

Die Grundlage dazu ist auf der menschlichen Seite:

- Persönlichkeit
  - Führungsfähigkeit
  - Analyse/Beurteilungsfähigkeit
  - soziale Kompetenz
  - Organisationskompetenz
  - Kreativität
  - Förder- und Entwicklungsgespräche
  - Nachwuchsprogramme

- Vermittlung von Wissen, Können und Wollen
  - Verhaltens-, Methoden-, Führungs- und Fachseminare
  - Job rotation
  - Entsendung (In- und Ausland)
  - Learning by doing

auf der organisatorischen Seite:

- Struktur
  - zentrale/dezentrale/flache/tiefe Strukturen
  - Profit Centers
  - Organisationsentwicklung (Projektmanagement, Qualitätszirkel)

- Management
  - Entwicklung des Zielsystems
  - kooperative Führungsgrundsätze
  - strategiegerichtete Managemententwicklung

2.11. Überprüfung des Motivationsstandes im Unternehmen anhand der Leistungsfaktoren-Analyse

Ziel und Inhalt

Zur Unternehmenskultur gehören unter anderem ein gut funktionierendes Betriebsklima mit einer gut ausgeprägten Mitarbeitermotivation.
Es ist nicht nur Geld, das einen Mitarbeiter zu höheren Leistungen

anspornt. Es gibt eine Reihe anderer Faktoren, die die Motivation Ihrer Mitarbeiter beeinflussen können (Mitsprachemöglichkeiten, Betriebsklima, Vorgesetzenverhalten usw.).
Der Fragebogen zur Leistungsfaktorenanalyse enthält 20 dieser Faktoren, die in einer Skala von 1–7 beurteilt werden sollen.
In der linken Spalte gibt der Mitarbeiter an, wie wichtig er persönlich jeden dieser Faktoren als Anreizmöglichkeit einstuft. In der rechten Spalte wird angezeigt, inwieweit er diese Anforderungen in der Firma erfüllt bekommt. Aus den sich daraus ergebenden Differenzen kann abgeleitet werden, wo anzusetzen ist, um mehr Motivation und Engagement in die Belegschaft zu bringen.

Umsetzung

Die Fragebögen sind anonym auszufüllen und werden zentral mittels PC ausgewertet.
Wichtig ist die Kennzeichnung nach Abteilungen/Filialen, um die Ergebnisse zusammenfassen zu können.

Ergebnis

Die Auswertung erfolgt für das Gesamtunternehmen, für jede Abteilung bzw. Filiale.
Sie besteht aus einer tabellarischen Aufstellung, aus der die Abweichungen zwischen »Persönlicher Einschätzung« und »Erfüllungsgrad in der Firma« ersichtlich sind, weiters wie viele Mitarbeiter welche Bewertung (1–7) abgegeben haben.
Das Ergebnis soll auch grafisch aufbereitet werden.
Außerdem ist es möglich, eine schriftliche Interpretation für jede Abteilung/Filiale anzufordern.
Die Lücken, die sich zwischen Anforderungen und Erfüllung ergeben können, deuten auf Leistungsblockaden, die aber auch Reserven kennzeichnen, hin. Sie bieten Hinweise für die praktische Umsetzung des Analyseergebnisses, indem sie zeigen, wo anzusetzen ist, um Leistungsreserven zu aktivieren. So kann bei den Mitarbeitern mehr Freude und Engagement bei der Arbeit vermittelt und gemeinsam mehr Erfolg erreicht werden.

Analyse der Leistungsfaktoren

Abteilung/Filiale:

	Funktion														
	Faktoren (Motive) der Leistungsmotivation	Einschätzung der Motivationsfaktoren un-wichtig … äußerst wichtig							Erfüllungsgrad durch Ihre Firma/Ihren Vorgesetzten unerfüllt … erfüllt						
		1	2	3	4	5	6	7	1	2	3	4	5	6	7
1	Krisensicherer Arbeitsplatz (zukunftssichere Branche/Firma)														
2	Sicherheit meiner Position (keine Intrigen und Machtkämpfe)														
3	Altersversorgung durch die Firma														
4	Sonstige Sozialleistungen (Kantine, Werkseinkauf etc.)														
5	Gehalt, Lohn														
6	Erfolgsbeteiligung														
7	Äußere Arbeitsbedingungen (räumlich, technisch, organisatorisch, sicherheitsmäßig)														
8	Aufgabenstellung (Befriedigung durch die Arbeit/Aufgabe)														
9	Aufstiegsmöglichkeiten														
10	Fort-/Weiterbildungsmöglichkeiten														
11	Anerkennung persönlicher Leistung														
12	Status, Prestige, Titel														
13	Information (Einbeziehung in den Informationskreislauf)														
14	Mitsprache-/Mitwirkungsmöglichkeit bei Führungsentscheidungen														
15	Führungsklima (Führungsverhalten der Vorgesetzten)														
16	Zusammenarbeit in der Abteilung (kollegiale Atmosphäre)														
17	Beziehung zu den Vorgesetzten														
18	Ansehen bei den Kollegen														
19	Betriebsklima der gesamten Firma („Geist des Hauses")														
20	„Image" (Ansehen, Erfolg) der Firma in der Öffentlichkeit														

Aus: „Motivierungshilfen aus der Praxis", Günter Stoewer, Sauer Verlag, Heidelberg, S. 81

2.12. Betriebsklima – Erhebung

Ziel und Inhalt

Je stärker uns bewußt wird, daß unsere Mitarbeiter in Zukunft einen der entscheidendsten Wettbewerbsfaktoren darstellen werden, umso mehr müssen wir auch auf die Bedürfnisse dieser Menschen in unseren Unternehmen achten.
Besondere Bedeutung kommt dabei der Gestaltung des Betriebsklimas zu. Dieses beschreibt die vom Mitarbeiter subjektiv empfundene Stimmung im Unternehmen. Von der Qualität des Betriebsklimas hängen sehr wesentlich die Arbeitsfreude und -zufriedenheit, das persönliche Wohlbefinden und die Arbeitsleistung ab.
Ein schlechtes Betriebsklima kann eine Erklärung für Fehlzeiten, Berufswechsel und schwächere Arbeitsleistung sein.
Unser Fragebogen zur Betriebsklima-Untersuchung gibt Ihnen die Möglichkeit, das Betriebsklima im eigenen Haus zu erfassen und differenziert zu beschreiben. Diese Chance sollte genutzt werden. Sie sollten aber auch wissen, daß damit nur ein erster Schritt getan ist. Die Erfassung des Betriebsklimas weckt Erwartungen darauf, daß nun konkret etwas verbessert wird. Sie müssen daher die Bereitschaft haben, Schwachstellen – soweit es möglich ist – zu beseitigen und gemeinsam mit den Mitarbeitern an der Verbesserung des Betriebsklimas zu arbeiten.

Durchführung

Vor Durchführung der Analyse sollte den Mitarbeitern das Ziel der Untersuchung erläutert werden. Mögliche Verdachtsmomente, daß durch die Untersuchung Rationalisierungen vorbereitet werden, müssen ausgeräumt werden.
Es sollte klargestellt werden, daß die Analyse kein Selbstzweck ist, sondern daß beabsichtigt wird, die durch die Analyse aufgezeigten Schwachstellen im Sinne der Mitarbeiter, aber auch im Sinne der Unternehmung zu beseitigen.

Die Mitarbeiter müssen motiviert werden, den Fragebogen zu ihrem eigenen Nutzen ehrlich zu beantworten.
Der Fragebogen ist daher ANONYM auszufüllen und nur nach Abteilung/Filiale zu kennzeichnen.
Die 23 Fragen sind durch Ankreuzen vorgegebener Bewertungen oder durch schriftliche Nennungen zu beantworten. Die Auswertung der Fragebögen erfolgt mittels PC-Programm.
Die Beantwortung all dieser Fragen macht Arbeit. Noch mehr Arbeit aber bedeutet es, die nach der Auswertung der Analyse beschlossenen Aktivitäten zur Verbesserung des Betriebsklimas in die Tat umzusetzen. Diese Arbeit ist aber erforderlich, wenn die Betriebsklimaanalyse ein Erfolg werden soll.
Im Fragebogen wird auf folgende Aspekte eingegangen, die das Betriebsklima bestimmen:

a) zwischenmenschliche Beziehungen
Zusammenhalt in und zwischen den Arbeitsgruppen, Rücksichtnahme, Unterstützung

b) Führung
Führungsverhalten der Vorgesetzten, Aufgabenorientierung (Zielvereinbarung), Mitarbeiterorientierung (Anerkennung), Informationsfluß

c) Kooperation und Gruppe
Teamgeist in der Gruppe, Innovationsfähigkeit

d) Autonomie
Selbständigkeit, Selbstverantwortlichkeit

e) Arbeitsbedingungen

f) Entlohnung, Bezahlung

g) Personalentwicklung
Aufstiegsmöglichkeiten, Weiterbildung, Arbeitsstrukturierung (Job rotation, Job enrichment)

Ergebnis

Die Auswertung, die Sie für das Gesamtunternehmen, für jede Abteilung bzw. Filiale erhalten, besteht aus einem quantitativen und einem qualitativen Teil.
Der quantitative Teil zeigt in tabellarischer Form, wie viele Mitarbeiter die einzelnen Fragen wie beantwortet haben und welcher Mittelwert sich daraus ergibt. Weiters erhalten Sie eine Liste der Veränderungswünsche, die Ihnen bereits Anhaltspunkte für spätere Aktivitäten liefert.
Das Ergebnis wird auch grafisch in Form eines Klimahauses dargestellt.
Der qualitative Teil besteht aus einer schriftlichen Interpretation pro Filiale/Abteilung, die auf die einzelnen Aspekte des Betriebsklimas eingeht.

Umsetzung

Was soll nun mit diesen Befragungsergebnissen geschehen?
Alle, die an der Beantwortung mitgewirkt haben, d. h. alle Mitarbeiter, müssen über die Ergebnisse informiert werden. Diese Ergebnisse sollen zu Diskussionen zwischen Mitarbeitern und Vorgesetzten, aber auch zum Gespräch zwischen den verschiedenen Abteilungen anregen. Auf der Grundlage dieser Gespräche sind konkrete Veränderungsmaßnahmen mit Aktivitätenkatalog (was, wann, wie) abzuleiten.
Es darf natürlich nicht vergessen werden, die Durchführung der beschlossenen Maßnahmen zu kontrollieren.

FRAGEBOGEN ZUR BETRIEBSKLIMA-ANALYSE

1. Wie schätzen Sie das Betriebsklima in Ihrem Arbeitsbereich ein?
   - o sehr schlecht
   - o eher schlecht
   - o eher gut
   - o sehr gut

2. Erhalten Sie alle für Ihre Arbeiten notwendigen Informationen?
   - o nie
   - o selten
   - o meistens
   - o immer

3. Wie sind Sie mit Ihrer Entlohnung zufrieden?
   - o sehr unzufrieden
   - o eher unzufrieden
   - o eher zufrieden
   - o sehr zufrieden

4. Haben Sie ausreichende Chancen, in Ihrer Firma voranzukommen?
   - o nein, aussichtslos
   - o schlechte Chancen
   - o ziemlich gute Chancen
   - o sehr gute Chancen

5. Erhalten Sie die Schulung von Ihrer Firma, die für die Ausübung Ihrer Tätigkeit notwendig ist?
   - o keine Schulung erhalten
   - o wenig Schulung
   - o viel Schulung
   - o sehr viel Schulung

6. Wie ist der Kontakt zu Ihren Kollegen innerhalb Ihres Arbeitsbereiches?
   - o sehr schlecht
   - o eher schlecht
   - o eher gut
   - o sehr gut

7. Wie ist die Zusammenarbeit mit anderen Abteilungen, mit denen Sie enger zusammenarbeiten müssen?	o sehr schlecht o eher schlecht o eher gut o sehr gut
8. Wie zufrieden sind Sie im allgemeinen mit Ihrer jetzigen Stellung, Ihrem Arbeitsplatz und der Firma?	o sehr unzufrieden o eher unzufrieden o eher zufrieden o sehr zufrieden
9. Sind sie darüber informiert, welche Ziele Ihre Firma anstrebt?	o nein, überhaupt nicht o schlecht o relativ gut o sehr gut
10. Welche Einstellung haben Sie zu Ihrem Unternehmen?	o negativ, gegen Ziele gerichtet o eher negativ o eher positiv o sehr gute Einstellung
11. Wie stark ist das Zusammengehörigkeitsgefühl in Ihrer Abteilung (Bereich)?	o sehr schwach o eher schwach o eher stark o sehr stark
12. Haben Sie das Gefühl, daß Ihre Leistungen anerkannt werden?	o überhaupt nicht o sehr wenig o relativ stark o sehr stark
13. Werden Sie gefragt, bevor Entscheidungen getroffen werden, die Sie und Ihren Arbeitsplatz betreffen?	o nie o selten o öfters o immer

14. Wie stark ist das Vertrauen zu Ihren Vorgesetzten?	o sehr schwach o eher schwach o eher stark o sehr stark	
15. Sind Sie mit der Tätigkeit, die Sie ausüben, zufrieden?	o sehr unzufrieden o eher unzufrieden o eher zufrieden o sehr zufrieden	
16. Gibt es zwischen den verschiedenen Arbeitsbereichen/Arbeitsgruppen Konflikte?	o nie o manchmal o häufig	
17. Kennen Sie die Ziele, die Sie und Ihr Arbeitsbereich anstreben sollen?	o nie, überhaupt nicht o eher nicht o eher gut o sehr gut	
18. Möchten Sie in Ihrem Arbeitsbereich mitentscheiden und auch die volle Verantwortung dafür übernehmen?	o nein, ich möchte keine Mitentscheidung und Mitverantwortung o ich möchte mitentscheiden, doch nicht die volle Verantwortung übernehmen o ja, ich möchte mitentscheiden und auch die volle Verantwortung übernehmen	

19. Welche Faktoren beeinflussen den Aufstieg im Unternehmen besonders? (Mehrfachankreuzungen möglich)

o Vorgesetzter
o eigene Initiative
o persönl. Aufstiegstaktik
o andere berechenbare Faktoren
o andere Faktoren:
....
....

20. Warum wechseln Ihrer Meinung nach Arbeitskollegen aus Ihrem Unternehmen zu anderen Firmen über? (Bitte die Ihrer Meinung nach wichtigsten Punkte ankreuzen, Mehrfachankreuzungen möglich!)

o Probleme mit Kollegen

o Probleme mit Vorgesetzten

o schlechte Arbeitsbedingungen

o unzureichende betriebliche Weiterbildung

o zuwenig Verdienst

o mangelnde Aufstiegschancen

o Zusammenarbeit im Unternehmen schlecht

o Arbeit ist nicht interessant

o zu geringe Sozialleistungen

o kein gutes Betriebsklima

o zu wenig Mitspracherecht

o andere Gründe: ....

21. Welche drei Dinge würden Sie ändern, wenn Sie dazu ermächtigt wären?

1. ....
2. ....
3. ....

22. Wie werden Ihre Beanstandungen und Anregungen behandelt?
   - o werden nicht beachtet
   - o werden selten beachtet
   - o werden angehört, doch geschieht nichts
   - o es wird sofort etwas unternommen

23. Sind die Verantwortungsbereiche in Ihrem Unternehmen klar abgegrenzt?
   - o sehr unklar
   - o eher unklar
   - o eher klar
   - o sehr klar

2.13. Kommunikations- und Informationsfluß-Analyse

Ein wesentlicher Faktor zur Erfolgssteuerung von Personalentwicklungs- und Aus- und Weiterbildungsmaßnahmen ist der wirksame Informationsfluß im Unternehmen.
Zur Festlegung des Zufriedenheitsgrades des Informationsflusses hilft die Überprüfung mittels eines einfachen Fragebogens.

Fragebogen für interne Informationspolitik

	sehr gut						sehr schlecht
1. Wie gut fühlen Sie sich informiert?	1	2	3	4	5	6	7
2. Wie weit sind Ihnen die strategischen Unternehmensziele bekannt?	1	2	3	4	5	6	7

3. In welchem Umfang werden im Unternehmen die Wachstums- und Planungsziele kommuniziert?	1 2 3 4 5 6 7
4. Wie beurteilen Sie die laufende Geschäftsentwicklung?	1 2 3 4 5 6 7
5. Wie schätzen Sie den Kommunikationsstil in Ihrem Unternehmen ein?	1 2 3 4 5 6 7
6. Wie gut funktioniert Ihrer Meinung nach der Info-Fluß im Unternehmen?	1 2 3 4 5 6 7
7. Wie ist die Kommunikation in Ihrer eigenen Gruppe?	1 2 3 4 5 6 7
8. Wie beurteilen Sie die Kommunikation von a) oben nach unten?	1 2 3 4 5 6 7
b) unten nach oben?	1 2 3 4 5 6 7
9. Wie gefällt Ihnen die Mitarbeiterzeitung?	1 2 3 4 5 6 7
10. Wie schätzen Sie die technischen Möglichkeiten der internen Kommunikation (Telefon, Fax, PC, Sprechanlage usw.) ein?	1 2 3 4 5 6 7

11. Welche drei Dinge würden Sie in der Informationspolitik verändern?

12. Welche Störungen sollten Ihrer Meinung nach beseitigt werden?

13. Welche Art von Informationen erhalten Sie zur Zeit regelmäßig, in welcher Form (schriftlich, mündlich), wie oft (täglich, wöchentlich, monatlich usw.), von wem (Abteilung, Name)?

14. Welche Arten von »Sonderinformationen« fordern Sie von Zeit zu Zeit an?

15. Welche Informationen, die Sie zur Zeit nicht erhalten, würden Sie gerne zur Verfügung haben?

16. Welche Art von Informationen geben Sie zur Zeit regelmäßig, in welcher Form (schriftlich, mündlich), wie oft (täglich, wöchentlich, monatlich usw.), an wen (Abteilungen, Name)?

Der Fragebogen wird anonym eingesetzt und von zentraler Stelle (meist externer Berater) ausgewertet und interpretiert. Im Rahmen eines Workshops werden mit den maßgeblichen Führungskräften eine Stärken- und Schwächenfeststellung erarbeitet und genaue Veränderungsschritte in Form von Maßnahmen und Aktivitäten vereinbart.

2.14. Stand der »Inneren Kündigung« im Unternehmen

Die Leistungserbringung im Unternehmen wird durch die Gesamtheit aller Mitarbeiter und Führungskräfte gewährleistet. Wie diese zielorientiert denken und handeln, unter Berücksichtigung der unternehmerischen Gesamtsicht, ist Grundlage für einen strategisch langfristigen Unternehmenserfolg. Immer wieder treffen wir aber, was die Leistungserbringung betrifft, auf Widerstände bei den Mitarbeitern und auch Führungskräften.

Um welche Widerstände handelt es sich dabei:

- Aufgabenstellung entspricht nicht den Vorstellungen des Mitarbeiters
- Betriebsklima ist schlecht
- andere Interessen des Mitarbeiters (freizeitorientierte Schonhaltung)
- Vorgesetzter hat Führungsschwächen
- Arbeitsumfeld entspricht nicht mehr den Vorstellungen
- häufige Konflikte untereinander
- der »Letzte« in der Abteilung (meist nach Alter)
- keine Entwicklungsmöglichkeiten
- Lärm, Schmutz, Gestank
- lange, unflexible Arbeitszeiten
- lange Anfahrtswege
- zu oft Stellenwechsel intern (Job rotation)
- keine leistungsgerechte Be- und Entlohnung
- mehrere Frustrationserlebnisse hintereinander
- kein organisiertes Vorschlagswesen
- Verbesserungsvorschläge werden nicht angehört, oder werden angehört, aber es geschieht nichts
- Ziele des Unternehmens stimmen nicht mit den persönlichen Zielen des Mitarbeiters überein
- schlechte und keine Sozialleistungen im Vergleich zu gleichartigen Unternehmungen in derselben Branche

Wie zeigt sich die »Innere Kündigung« im Unternehmen?

- Kein Interesse an Auseinandersetzungen
- Typischer Ja-Sager geworden
- Stets bei der Mehrheit zu finden
- Keine Vorschläge, keine Kritik
- Wohldosierter, klug verdeckter Konformismus
- Chefentscheidungen werden überhaupt nicht oder nach einer Scheinargumentation nur zustimmend kommentiert
- Kompetenz wird nicht mehr ausgeschöpft

- Eingriffe in den Delegationsbereich werden gelassen hingenommen
- Keine Klagen wegen fehlender Information
- Karriere-Interessen versiegen
- Zunehmendes Fehlen wegen Krankheit und Familie
- Zurückhaltung im Auftreten
- Versiegender Humor
- Sehr angenehm im Umgang

Zur Überprüfung des Standes der »Inneren Kündigung« in Ihrem Arbeitsbereich hilft der angeführte Fragebogen einen diesbezüglichen Einblick zu erhalten, um dann entsprechende Maßnahmen zur Verbesserung zu setzen.

	sehr schwach / nie						*sehr stark / häufig*
Wie stark ist Ihr Interesse, an Auseinandersetzungen teilzunehmen, die Ihren Arbeitsbereich betreffen?	1	2	3	4	5	6	7
Neigen Ihre Kollegen(innen) zu einem typischen Ja-Sager-Verhalten?	1	2	3	4	5	6	7
Wenn es Konflikte in Ihrer Abteilung gibt, sind Sie da lieber öfter bei der Mehrheit zu finden?	1	2	3	4	5	6	7
Wie kritikfähig schätzen Sie							
a) Ihre Abteilung	1	2	3	4	5	6	7
b) Ihren Vorgesetzten	1	2	3	4	5	6	7
c) das gesamte Unternehmen	1	2	3	4	5	6	7

d) sich selbst	1	2	3	4	5	6	7

ein?

Wie intensiv werden Verbesserungsvorschläge hinsichtlich Arbeitsabläufen, Zusammenarbeit, Betriebsklima in Ihrer Abteilung gemacht?	1	2	3	4	5	6	7
Wie akzeptieren Sie in der Regel die Entscheidungen, welche Ihr Vorgesetzter trifft?	1	2	3	4	5	6	7
Beklagen sich Ihre Kollegen(innen) öfter über fehlende Informationen?	1	2	3	4	5	6	7
Wie stark schätzen Sie das Arbeitsinteresse in der Abteilung ein?	1	2	3	4	5	6	7

Was bedeutet für Sie »innerlich gekündigt« zu haben?

Was müßte Ihrer Meinung nach geschehen, um die »inneren Kündigungstendenzen« der Mitarbeiter und Führungskräfte abzubauen? (Bitte kurz begründen.)

Was macht diesbezüglich Ihr Vorgesetzter falsch?

Wieviel % der Belegschaft (alle sind 100%) haben Ihrer Meinung nach bereits innerlich gekündigt?

Was sind so, Ihrer Meinung nach, im Unternehmen typische Aussagen zur »Inneren Kündigung«?

Folgende Maßnahmen können helfen, die »Innere Kündigung« in den Griff zu bekommen:

Im Bereich der Mitarbeiter:

- Analyse der Leistungsfaktoren (siehe Kapitel 2.11.)
- Intensive Überprüfung des Betriebsklimas (siehe Kapitel 2.12.)
- Fragebogen »Innere Kündigung«
- Fördergespräche mit jedem Mitarbeiter (siehe Kapitel 3.3.)
- Projektgruppe »Innere Kündigung« zur Bearbeitung der Indikatoren

Im Bereich des Unternehmens:

- Entwicklung eines geordneten Zielsystems (siehe 1. Kapitel)
- Erarbeitung und Umsetzung von Führungsgrundsätzen (siehe Kapitel 3.1.)
- Leistungsorientierte Entwicklungsgrundsätze
- Überarbeitung der leistungsorientierten Maßnahmen für das Entlohnungssystem

3. Führung und Personalentwicklung

3.1. Führungsgrundsätze im Unternehmen

Die Führungskräfte im Unternehmen haben die große Verantwortung, ihre Mitarbeiter sinnorientiert zu fördern und zu entwickeln. Die Verantwortung bei den Führungskräften liegt einerseits im fachlichen und persönlichen Kompetenzbereich und andererseits in der Durchführung der gezielten strategierelevanten Kompetenzsteigerungsmaßnahmen bei den Mitarbeitern.
Die Voraussetzung für eine erfolgreiche Führungsarbeit im Unternehmen ist, daß das Zielsystem gemeinsam entwickelt wird und die operativen Maßnahmen in Form von Zielvereinbarungen getroffen werden.
Für die Führungskräfte ist es sehr wichtig, daß sie das Unternehmensleitbild, die Unternehmensstrategie und Jahresziele genau kennen und über Ihre Aktivitäten und Umsetzungsschritte laufendes »Feedback« erhalten.
Eine Grundlage zur internen Verständigung zum Thema »Führung« ist die Entwicklung von gemeinsam erarbeiteten Führungsgrundsätzen.

Mit den Führungsgrundsätzen sollen folgende Ziele erreicht werden:

- Schaffung eines gemeinsamen Grundverständnisses zum Thema »Führung«
- Erstellung von Richtlinien der Zusammenarbeit
- Bewußtwerden von Prozessen gleichlaufender Führungshandlungen
- offenere Geprächsbasis
- besseres Verständnis untereinander
- offenes Ansprechen von Problemen beim Führen
- einheitliche Denkhaltung und Vorgehensweise bei der Motivation, Förderung, Delegation, Beurteilung von Mitarbeitern
- offenes Ansprechen des »Umgangs mit Macht«
- einheitliches Begriffssystem – man spricht *eine* Sprache
- Schaffung von Grundlagen zur Beurteilung von Führungsfähigkeit und -funktion

3.1.1. Entwicklung und Einführung

Im Rahmen einer Führungskräfterunde wird das Thema »Führungsgrundsätze« angesprochen. Die ersten Hinweise zur Entwicklung kommen bereits aus der Strategieplanung. Die Führungsgrundsätze werden gemeinsam mit der ersten und zweiten Führungsebene im Unternehmen entwickelt (je nach Größe des Unternehmens kann es auch ein ausgewählter Führungskreis sein).

Wie erfolgt die Entwicklung von Führungsgrundsätzen:

1. Schritt

- Workshop mit den Führungskräften
- Erarbeitung der wichtigsten Führungsaufgaben einer Führungskraft
- Festlegung eines Anforderungsprofils einer Führungskraft
- Definition der einzelnen Führungsaufgaben nach:
  - Ziel der Führungsaufgabe
  - Inhalte
  - Umsetzungsschritte
  - Erfolgskontrolle
  - Auftretende Schwierigkeiten bei der Umsetzung der Führungsaufgabe
- so werden die wichtigsten Führungsaufgaben abgearbeitet

2. Schritt

- anhand der erarbeiteten Führungsaufgaben werden die Führungsgrundsätze für das Unternehmen zusammengefaßt
- Analyse der Führungsschwächen durch Moderation aus heutiger Sicht
- Erstellung eines Maßnahmenplanes zur Verbesserung der vorhandenen Führungsschwächen

3. Schritt

- Korrektur des ersten Entwurfes der Grundsätze
- gemeinsame Akzeptanz der Grundsätze

- Festlegung eines Einführungsplanes
- Vereinbarung von Kontrollmechanismen zur konsequenten Umsetzung der Führungsgrundsätze

Was ist bei der Einführung von Führungsgrundsätzen zu beachten:

- Führungsgrundsätze allen Mitarbeitern bekanntgeben
- jede Führungskraft bespricht mit den Mitarbeitern die Führungsgrundsätze
- Festlegung des Aktionsprogrammes
- Führungsgrundsätze in das Mitarbeiterhandbuch integrieren (siehe Kapitel 3.8.)
- bei betrieblichen Veranstaltungen immer wieder auf die Grundsätze hinweisen

3.1.2. Beispiel von Führungsgrundsätzen

Die angeführten Führungsgrundsätze wurden in einem Handelsunternehmen erarbeitet und den Mitarbeitern bekanntgegeben:

Führungsstil

Die Führungskräfte streben einen kooperativen Führungsstil an und sind überzeugt, daß dieser den heutigen Anforderungen an Führung und Zusammenarbeit am besten gerecht ist.
Dazu wurden folgende Führungsaufgaben für die Umsetzung genau definiert:

- Delegieren
- Informieren
- Loben – Anerkennen
- Ziele setzen
- Prioritäten setzen
- Eigeninitiative fördern
- Verantwortungsbereiche definieren
- Eigene Tätigkeiten optimieren
- Vorbild sein

- Fachliche Kompetenz
- Zuhören
- Kontrollieren
- Motivieren

Ziele setzen

Um auch in Zukunft erfolgreich zu sein, müssen wir uns Ziele setzen. Die Ziele des Unternehmens im strategischen wie im operativen Bereich erfüllen wir an den einzelnen Arbeitsplätzen.
Wir setzen daher gemeinsam mit dem Mitarbeiter seine konkret zu erfüllenden Ziele fest. Es ist uns dabei wichtig, daß der Mitarbeiter versteht, welchen Beitrag er damit für das Gesamtunternehmen leistet.
Bei der Zielvereinbarung besprechen wir, was – warum – wie – bis wann durchzuführen ist. Wir sind um Transparenz und Verständlichkeit bemüht.
Zielvereinbarungen werden schriftlich und terminisiert festgelegt, um die spätere Kontrolle zu erleichtern.
Das gesetzte Ziel und seine Erreichung werden vom Vorgesetzten mittels Unterlagen, Berichten und Gesprächen überprüft, auch laufend nach Teilzielen oder Erfordernis.

Delegieren

Durch richtiges Delegieren wollen wir einerseits erreichen, daß wir Führungskräfte von Aufgaben, die auch die Mitarbeiter zufriedenstellend erledigen können, entlastet werden, und andererseits unsere Mitarbeiter fördern, indem durch neue Aufgabenstellungen deren Kompetenz und Motivation gesteigert werden.
Unter »richtigem« Delegieren verstehen wir, daß der Mitarbeiter auch die notwendigen Informationen und Hilfsmittel zur Erledigung der Aufgabe bekommt, um selbständig und ohne lästige Rückfragen arbeiten zu können. Jeder soll möglichst selbständig arbeiten, entscheiden und Verantwortung tragen.
Wir kontrollieren, ob das Ergebnis den Anforderungen der Aufgabe entspricht, und erkennen daraus, inwieweit wir dem Mitarbeiter auch

in Zukunft Aufgaben delegieren und größere Verantwortung übertragen können.

Informieren

Mit einem gut funktionierenden Informationskreislauf verfolgen wir im wesentlichen zwei Ziele:

a) dem Mitarbeiter die für seine Aufgabenerfüllung notwendigen Informationen zur Verfügung zu stellen,
b) die Weitergabe der wesentlichen Unternehmensabsichten und -ziele, um damit für jeden die Identifikation mit dem Unternehmen zu erleichtern.

Wir unterstützen den Informationsfluß im Unternehmen laufend durch persönliche Gespräche, schriftliche Mitteilungen, Rundschreiben, Mitarbeiter- und Führungskräfterunden, Mitarbeiterzeitung, Mitarbeiterhandbuch usw. Da ein Zuviel an Informationen negative Auswirkungen hat, soll jeder Mitarbeiter die Information erhalten, die er für seine Arbeit braucht, diese aber vollständig und aktuell.
Den effizienten und reibungslosen Ablauf des Informationsflusses kontrollieren wir durch Rückfragen, primär im persönlichen Kontakt und wesentlich durch die Qualität der Arbeitsergebnisse.

Prioritäten setzen

Um der Fülle von Aufgaben, der wir täglich gegenüberstehen, Herr zu werden, müssen wir Prioritäten setzen.
Wir erledigen nicht die Aufgaben zuerst, die uns die liebsten sind und uns am leichtesten fallen – diese Aufgaben können wir meist auch delegieren. Wir müssen uns zuallererst den Aufgaben zuwenden, die für das Unternehmen im Moment wichtig und dringlich sind, und zwar nach finanziellen, zeitlichen oder gesellschaftlichen Gesichtspunkten.
Wir kontrollieren uns dabei selbst, indem wir laufend die Dringlichkeit und Bedeutung der zu erledigenden Aufgaben überdenken und die von den Vorgesetzten gestellten Termine einhalten.

Verantwortungsbereiche definieren

Wir wollen die Aufgabenstellungen und die dazu notwendigen Kompetenzen und die Verantwortung pro Mitarbeiter genau definieren, um effizientes und von Reibungsverlusten freies Arbeiten zu ermöglichen.
Das Mittel dazu ist eine detaillierte Arbeitsplatzbeschreibung, die nach durchgeführten Analysen und Gesprächen für alle Ebenen auszuarbeiten ist.
Wir schaffen uns durch eindeutig geregelte Zuständigkeiten Erleichterungen beim Delegieren von Aufgaben und Entscheidungen, beim Aufrechterhalten eines funktionierenden Informationsflusses und bessere Kontrollmöglichkeiten.
Die Einhaltung der Verantwortlichkeiten soll permanent von jedem Mitarbeiter selbst und von seinem Vorgesetzten kontrolliert werden. Auftretende Mängel oder neu hinzukommende Aufgaben sind zu besprechen und in die aktuell zu haltenden Arbeitsplatzbeschreibungen aufzunehmen.

Motivieren

Wir wollen unseren Mitarbeitern zu mehr Freude und Engagement bei ihrer Arbeit verhelfen und damit die Leistungseffizienz über die persönliche Zufriedenheit der Mitarbeiter steigern.
Vor allem der persönliche Kontakt ist uns dabei wichtig. Wir wollen ein positives Gesprächsklima schaffen, in dem Lob und Anerkennung, gegenseitige Akzeptanz und der Wille zur Zusammenarbeit vorherrschen.
Klare Aufgabenstellungen, die Möglichkeit zu eigenverantwortlichem Arbeiten, zur Entwicklung der Persönlichkeit und der Lebensziele jedes Mitarbeiters sollen bei uns kein Thema sein.

Loben – Anerkennen

Wir steigern die Identifikation der Mitarbeiter mit ihren Aufgaben und ihre Motivation, indem wir ihre Leistungen offen anerkennen.
Wir sind uns bewußt, daß Lob und Anerkennung aufrichtig, dem Mit-

arbeiter persönlich und entsprechend seiner Leistungserbringung sofort und gerechtfertigt auszusprechen sind.
Jemandem Lob auszusprechen soll nicht zur Dauereinrichtung werden, sondern es muß wirklich verdient sein, da zu häufiges Loben seine positive Wirkung verliert.
Auch im Mitarbeiterbeurteilungsgespräch, das wir mindestens einmal im Jahr durchführen, wollen wir die Leistungen, die der Mitarbeiter in der abgelaufenen Periode erbracht hat, hervorheben.
Ob wir »richtig« loben, müssen wir selbst kontrollieren; aber vor allem die Reaktion unserer Mitarbeiter in persönlichen Gesprächen oder im Rahmen einer Betriebsklimauntersuchung gibt uns Aufschluß über unser Verhalten.

Eigeninitiative fördern

Wir wollen die Selbständigkeit und Kreativität unserer Mitarbeiter fördern und sie aktivieren, Verbesserungsvorschläge und Ideen einzubringen.
Wir hören die Vorschläge der Mitarbeiter an und denken darüber nach oder diskutieren sie in einem größeren Kreis. Wir sprechen mit dem Mitarbeiter darüber und erklären ihm auch die Gründe, wenn Ideen nicht oder nicht sofort zu realisieren sind.
Damit vermeiden wir Frustration und fördern weitere Aktivitäten.

Eigene Tätigkeiten optimieren

Wir wollen unseren Arbeitsablauf optimieren und für eigentliche Aufgaben unserer Position mehr Zeit aufbringen. Wir wollen konstruktiv und mit mehr Freude unsere Aufgaben erfüllen.
Dazu analysieren wir unseren Arbeitsstil hinsichtlich Ordnung und Prioritäten, wollen Zeitkiller erkennen und mehr Vertrauen in die Mitarbeiter setzen und delegieren. Mittels Schulungen in Arbeitstechniken und Erhöhung unserer Fach- und Führungskompetenz wollen wir dies erreichen.
Wichtig sind uns dabei die permanente Selbstkontrolle, aber auch Hinweise von unseren Kollegen.

Wir überprüfen laufend unsere Termine, Ergebnisse und selbstgesteckten Ziele, um eine Optimierung unserer Tätigkeit zu erreichen.

Kontrollieren

Zur Ergebnisbewertung ist Kontrolle notwendig. Sie ist Information und Hilfe. Als Führungskräfte kontrollieren wir die uns unterstellten Mitarbeiter auf die Erfüllung ihrer Aufgaben im Sinne der Zielsetzung des Unternehmens.
Richtige Kontrolle bedeutet, den Arbeitsprozeß und die Ergebnisse mit dem Mitarbeiter zu analysieren, zu besprechen, auf Schwierigkeiten bei der Durchführung einzugehen, um diese beim nächsten Mal zu vermeiden und effizientes Arbeiten zu fördern.
Kritik bringen wir sachlich an, sie soll den Mitarbeiter nicht entmutigen.
Wir kontrollieren und kritisieren nicht hinter dem Rücken des Mitarbeiters, sondern führen unsere Kontrollen nach gemeinsam mit ihm vereinbarten Zeitabschnitten durch.

Vorbild sein

Wir Führungskräfte sind uns bewußt, daß wir im beruflichen wie im privaten Bereich eine Vorbildfunktion für unsere Mitarbeiter innehaben.
Wir wissen, daß durch unser Verhalten das Verhalten der Mitarbeiter beeinflußt wird und wir durch ein positives Vorbild einen wesentlichen Beitrag zu einer guten Unternehmenskultur leisten.
Bei allem, was wir tun, wollen wir an die an uns gerichtete Anforderung denken, beispielsweise die folgenden Punkte betreffend:
Pünktlichkeit, Wille zur Zusammenarbeit, Ausstrahlung, Umgangston, Auftreten, Kompetenz, Ehrlichkeit, Freundlichkeit, Kreativität usw.
Um ein gutes Vorbild zu sein, müssen wir uns laufend selbst kontrollieren. Ob wir dabei erfolgreich sind, sagt uns das Feedback unserer Mitarbeiter und Kollegen.

Fachliche Kompetenz

Wir als Vorgesetzte erweitern laufend unsere fachliche Kompetenz, um die an uns gestellten Anforderungen erfüllen zu können. Wir bieten unseren Mitarbeitern jederzeit fachliche Hilfestellung an, wir schulen sie, und wir treten unseren Kunden als kompetente Geschäftspartner gegenüber.
Dazu absolvieren wir laufend interne und externe Schulungen und bilden uns auch in Eigeninitiative durch Lesen von Fachbüchern und Messebesuche fort. Kontakte mit Fachleuten, Lieferanten, Kollegen sollen ebenfalls zur Erweiterung der fachlichen Kompetenz beitragen. All unser Wissen geben wir innerhalb der Firma weiter.
Unsere Kompetenz wird täglich bei der Erfüllung unserer Aufgaben sowohl am Verkaufspunkt (Point of sale) als auch in der Verwaltung gefordert und überprüft.

Zuhören

Wir als Vorgesetzte hören unseren Mitarbeitern aktiv zu, um ihre Probleme und Bedürfnisse zu verstehen und Unterstützung anbieten zu können.
»Aktiv« zuhören heißt nicht, daß wir so tun als ob und kurze Zeit später nichts mehr davon wissen, da wir ohnehin so viel im Kopf haben. Aktiv zuhören heißt, sich Zeit für den Mitarbeiter zu nehmen und Unterbrechungen des Gespräches möglichst auszuschalten, so daß wir dem Mitarbeiter zeigen, daß wir ihn und sein Anliegen ernst nehmen.
Wir aktivieren den Mitarbeiter beim Sprechen und fassen das Gesagte zusammen, so daß der Mitarbeiter erkennen kann, daß wir zugehört und sein Problem auch erfaßt haben. Dadurch bekommt er auch die Möglichkeit, uns darin zu kontrollieren, ob wir auch das Richtige gehört und verstanden haben und nun entsprechende Hilfestellung anbieten können.

3.2. Mitarbeiterbeurteilung

3.2.1. Grundlagen zur Mitarbeiterbeurteilung

Im täglichen Leben, ob beruflich oder privat, vollziehen sich permanent Vorgänge der Beurteilung.
Der Erfolg eines Unternehmens hängt heute mehr denn je von den Mitarbeitern und Führungskräften ab.
Die Erreichung der Unternehmensziele hängt von der persönlichen Leistung jedes einzelnen Mitarbeiters ab. Voraussetzung dafür ist, daß der Mitarbeiter selbst leistungsmotiviert ist und ihm das soziale Umfeld des Unternehmens einschließlich der Arbeitsbedingungen genügend Motivation bieten.
Dazu gehört aber auch die Bereitschaft des Unternehmens, jeden Mitarbeiter klar und deutlich über seine Leistung und sein Leistungsvermögen aus der Sicht des Vorgesetzten und des Unternehmens zu informieren. Mehr und mehr stellen auch die Mitarbeiter die Forderung zu erfahren, wie ihre Leistung gesehen, anerkannt und honoriert wird.

Warum und wann wird beurteilt?

Personalführung ohne Beurteilung ist nicht denkbar. Anerkennung und Kritik, leistungsgerechte Entgeltgestaltung, Einsatz, Förderung und Entwicklung von Mitarbeitern setzen zwangsläufig eine abgeschlossene Meinungsbildung über Leistung und Arbeitsverhalten des einzelnen voraus.
Die Notwendigkeit einer systematischen und regelmäßigen Beurteilung der Mitarbeiter ist in folgenden Gesichtspunkten begründet:

- Die Entscheidungsträger des Unternehmens benötigen fundierte und möglichst richtige Informationen über die Mitarbeiter. Es gilt, das Potential, die Entwicklungsmöglichkeiten und Entwicklungserwartungen jedes einzelnen Mitarbeiters zu erfassen.
- Der Mitarbeiter stellt die Forderung zu erfahren, wie seine Leistung gesehen wird. Es geht ihm darum, seinen Beitrag zur Erreichung

der ihm, dem Bereich und dem Unternehmen gesetzten Ziele zu erkennen. Dazu benötigt er Zielvorgaben und Maßstäbe, so daß der Leistungsbeitrag objektivierbar wird. Es gilt, dem Mitarbeiter Informationen über sich zu geben, so daß er seine eigenen Weiterentwicklungsmöglichkeiten erkennt bzw. sie ihm aufgezeichnet werden können.

- Die Führungskräfte benötigen Hilfsmittel zur Personalführung. Hierzu sind Mitarbeiterbeurteilungssysteme besonders geeignet, da einerseits ein Status hinsichtlich Mitarbeiterpotential, Eignung und Leistungsbeitrag erstellt wird und andererseits der Vorgesetzte sich zwischenmenschlich mit dem Beurteilten, d. h. dem Mitarbeiter, in einem Beurteilungsgespräch auseinandersetzen muß.

Für die Entwicklung und Durchführung betrieblicher Beurteilungssysteme ist von den folgenden Fragen auszugehen, auf die Antworten gegeben werden müssen:

- Hat der Mitarbeiter die mit ihm vereinbarten Ziele erreicht?
- Wie haben sich Leistungen und Leistungsbereitschaft des Mitarbeiters entwickelt?
- Hat der Mitarbeiter besondere Fähigkeiten erworben?
- Hat der Mitarbeiter den richtigen Arbeitsplatz?
- Ist der Mitarbeiter förderungswürdig, und könnte er an einer anderen Stelle des Unternehmens mehr leisten?
- Wo und wie sind vorhandene Mängel in Leistung und Führung zu beheben?
- Welche Personalentwicklungsmaßnahmen sind dem Mitarbeiter zu empfehlen?

3.2.2. Erstellung eines Beurteilungskonzeptes

Die Voraussetzungen für eine erfolgreiche Mitarbeiterbeurteilungskonzeption lassen sich wie folgt zusammenfassen:

a) Funktionsbeschreibung pro Arbeitsplatz
   z. B.: Stellenanalyse
   Aufgaben-Strukturanalyse

Stellenbeschreibung
Organigramm

b) Anforderungsprofil pro Stelle
c) Festlegung der Beurteilungskriterien
d) Erstellung des Beobachtungsprogrammes
e) Sammeln von Beobachtungsdaten
f) Auswerten der beobachteten Daten (Vergleich Soll/Ist)
g) Beurteilen der Arbeitsergebnisse (im Quervergleich mit anderen)
h) Beurteilungseröffnungsgespräch

Checkliste zur Vorbereitung (für Beurteiler und Beurteilten) für ein verabredetes Beurteilungsgespräch

1. Was gefällt Ihnen an Ihrer jetzigen Aufgabe am meisten?

2. Was gefällt Ihnen an Ihrer jetzigen Aufgabe am wenigsten?

3. a) Können Sie in Ihrer gegenwärtigen Stelle Ihre Fähigkeiten voll einsetzen?

   b) Wenn nicht: Welche Fähigkeiten können Sie nicht ausnützen?

   c) Wie müßte Ihre Aufgabe beschaffen sein, damit Ihre Fähigkeiten möglichst umfassend eingesetzt werden können?

4. Haben Sie die nötige Unterstützung (Informationen, Arbeitsmittel, Kompetenzen usw.), und wenn nein, wo könnte etwas verbessert werden?

5. a) Gibt es besondere Schwierigkeiten bei der Durchführung Ihrer Aufgabe?
   b) Wie könnte ich Ihnen hier mehr Unterstützung geben?

6. Sehen Sie irgendwelche innerbetrieblichen Probleme, die Sie in Zukunft an der Entfaltung Ihrer Fähigkeiten hindern könnten? Wenn ja, haben Sie Vorschläge, was dagegen getan werden kann?

7. Haben Sie irgendwelche Vorschläge, wie Ihre Arbeitszufriedenheit in Zukunft erhalten oder erhöht werden könnte?
8. Was könnte in den nächsten Monaten getan werden, um Ihre berufliche Entwicklung zu fördern?

Checkliste
Struktur des Beurteilungsgespräches

- Begrüßung/Einleitung (Frage/Feststellung)
- Ziel des Gesprächs aus eigener Sicht festlegen
- Den Mitarbeiter nach Wünschen diesbezüglich fragen
- Das Gespräch als Dialog, nicht als Monolog führen
- Selbstbild des Mitarbeiters sowie seine Vorstellungen akzeptieren
- Den Mitarbeiter Stärken und Schwächen für den abgelaufenen Zeitraum darlegen lassen
- Persönliche Meinung global in eigenen Worten (keine Zahlen) darlegen
- Im Dialog mit dem Mitarbeiter Punkt für Punkt der Beurteilung besprechen
- Lob und Kritik anhand konkreter Beispiele verdeutlichen
- Den Mitarbeiter nicht »verurteilen«, sondern mit ihm gemeinsam:
- Ursachen für Fehlverhalten analysieren
- Gemeinsame Konzepte für Verbesserungen erarbeiten
- Zukünftige Ziele festlegen
- Förderungsmaßnahmen besprechen
- Bedeutung der Zusammenarbeit verdeutlichen, eventuell neues Gespräch vereinbaren

Checkliste
Eröffnung der Beurteilung

1. Es wird Anerkennung ausgesprochen.

2. Zu beanstandende oder zu tadelnde Verhaltensweisen werden in positiver Form vorgetragen. (Denken Sie an das orientalische Sprichwort: »Vom scharfen Ton kann Glas zerbrechen.« – Um wieviel mehr eine empfindliche Seele!)

3. Positive Leistungen und Verhaltensweisen sollten besonders herausgestellt und anerkannt werden.

4. Werden schlechte Leistungen genannt, so muß auch gleich ein Weg aufgezeigt werden, um diesen Mangel auszumerzen.

5. Sprechen Sie mit dem Beurteilten über:

   seine Fähigkeiten und fragen Sie ihn, welche er für seine stärksten hält;
   sein Fortkommen und welche Fortbildung er betreiben sollte;
   die Positionen, die er erreichen möchte und welche Tätigkeiten er gern ausüben möchte;
   persönliche Schwierigkeiten, und klären Sie die Gründe;
   die Forderungen, die er an das Unternehmen stellt, d. h., was erwartet er vom Unternehmen?
   Sprechen Sie ihm Mut zu, wenn es nötig ist.
   Sagen Sie ihm, wieweit Sie mit ihm zufrieden sind und was Sie verbessert sehen möchten;
   zeigen Sie ihm, wie sehr Sie ihn als Mitarbeiter schätzen.

6. Einwände des Beurteilten sind in seiner Gegenwart zu protokollieren. Vermerken Sie, ob der Mitarbeiter die Beurteilung als treffend anerkennt, die Besprechung als Hilfe ansieht, sich in den kritischen Punkten höher einschätzt, an der Beurteilung etwas übelnimmt.

Checkliste für Orientierungsfragen

Arbeitsergebnisse

Menge/Umfang

- In welchem Umfang hat der Mitarbeiter seine Arbeitsziele erreicht (z. B. Umsatz, Kundenbesuche pro Tag, Stückzahl, Anzahl der bearbeiteten Vorgänge, Verwirklichung von Aufgaben und Plänen)?
- Inwieweit führten außergewöhnliche interne und externe Einflüsse zu diesen Arbeitsergebnissen?

Qualität

- Inwieweit wird die Arbeit sorgfältig, fehlerfrei und wirtschaftlich ausgeführt (z. B. Termineinhaltung, Beachtung von Richtlinien und Vorschriften, wirtschaftliches Arbeiten, Zeitaufwand, Kosten und Nutzen)?

Arbeitsmethodik

Planung/Organisation/Kontrolle

- Was und wie hat der Mitarbeiter im Hinblick auf die Arbeitsziele (z. B. Zeiten, Maßnahmen, Mitteleinsatz) geplant?
- Wie systematisch organisiert er seinen Zuständigkeitsbereich?
- Wie kontrolliert er seine Arbeit anhand der Ziele bzw. Planungen?

Analyse/Erkennen des Wesentlichen

- In welchem Umfang gliedert der Mitarbeiter den Ist-Zustand in einzelne Aspekte auf und betrachtet sie von verschiedenen Standpunkten?
- Wie unterscheidet er wesentliche Informationen von unwichtigen oder unwesentlichen?

- Inwieweit erkennt er Schwierigkeitsquellen und Hindernisse, die sich dem weiteren Vorgehen entgegenstellen?
- Inwieweit ist er in der Lage, den situationsgerechten nächsten Schritt zu bestimmen?
- Inwieweit ist er in der Lage, Prioritäten zu setzen?

Umsetzung des Fachwissens

- In welchem Maße werden theoretische Kenntnisse praxisbezogen genutzt?
- Wie wird das Fachwissen den Anforderungen des Arbeitsplatzes angeglichen?

Arbeitseinsatz

Beweglichkeit/Initiative

- Inwieweit ist der Mitarbeiter in der Lage, sich aus gedanklicher Routine und vorgegebenen Formen und Abläufen zu lösen und durch neue, bisher nicht bekannte Ideen zur Lösung von Problemen bzw. Erledigung von Aufgaben beizutragen?
- In welchem Umfang kann sich der Mitarbeiter schnell und sicher auf neue Aufgaben und veränderte Arbeitsbedingungen einstellen (z. B. neue Sachgebiete, neue Arbeitsmittel, plötzliche Erfordernisse, Ausnahmesituationen)?
- Inwieweit werden neue Zusammenhänge schnell und sicher erkannt?
- In welchem Maße ergreift der Mitarbeiter die Initiative (z. B. entwickelt er eigene Ideen, macht er Vorschläge, setzt er Ideen in Vorschläge um, greift er Anregungen auf, setzt er Begonnenes fort)?
- Inwieweit zeichnet sich der Mitarbeiter durch Verhandlungsgeschick (z. B. gegenüber Kunden) aus?

- In welchem Maße gelingt es dem Mitarbeiter, seine Ideen kooperativ und überzeugend durchzusetzen?

Belastbarkeit

- Inwieweit ist der Mitarbeiter außergewöhnlichen Belastungen gewachsen (z. B. Zeitdruck, Arbeitsbedingungen, Arbeitsmenge, Umfang)?
- In welchem Maße bewahrt er Ruhe und Überblick in kritischen Situationen?
- Inwieweit verfolgt er beharrlich vereinbarte Ziele (z. B. durch Ausdauer, Stehvermögen)?

Zuverlässigkeit

- Inwieweit werden Absprachen eingehalten (z. B. Termine, Ziele unter Berücksichtigung der Störfaktoren)?
- In welchem Maße werden vereinbarte Aufgaben exakt durchgeführt?

Zusammenarbeit / Kommunikation

- Wie ausgeprägt ist die Fähigkeit, sich in eine Gruppe einzuordnen und durch das persönliche Verhalten eine zielgerichtete Zusammenarbeit zu ermöglichen und zu fördern?
- Wie aufgeschlossen, rücksichtsvoll und zuverlässig ist das Verhalten in der Arbeitsgruppe?
- In welchem Maße ist ihm das Erreichen gemeinsamer Ziele wichtiger als das Durchsetzen eigener Interessen?
- Wie tolerant ist er gegenüber Beiträgen und Eigenarten seiner Partner?
- Wie nimmt er sachlich begründete Kritik an und richtet seine Arbeit danach aus?

- Wie umfassend und präzise werden Erfahrungen, Informationen und Anregungen weitergegeben?
- Inwieweit entspricht das Berichtswesen den Anforderungen (z. B. in Form, Inhalt, Präzision, Vollständigkeit, Termin)?
- In welchem Maße versteht er seine Ideen durch Beispiele, Vergleiche oder bildhafte Darstellungen anschaulich zu machen?
- Inwieweit achtet er bei der fachlich exakten Ausdrucksweise auf die Verständnismöglichkeiten und die persönlichen Interessen des Partners?
- In welchem Maße hat er die Zusammenarbeit von sich aus angestrebt und zu ihrem Gelingen beigetragen?

Führungsverhalten

Personalführung

- Inwieweit beteiligt der Vorgesetzte seine Mitarbeiter am Entscheidungsprozeß?
- Inwieweit hat der Vorgesetzte die Leistung der Mitarbeiter sachlich kontrolliert und beurteilt, und zwar nach den Gesichtspunkten, die für die betreffenden Aufgaben von Bedeutung sind?
- Inwieweit hat der Vorgesetzte für die Bemessung der Leistung einen Maßstab entwickelt?
- Mit welchen Maßnahmen hat der Vorgesetzte bei Leistungsschwächen reagiert?
- Inwieweit hat der Vorgesetzte die Förderungswürdigkeit der Mitarbeiter sachlich richtig und unvoreingenommen beurteilt und ihnen Möglichkeiten geboten, ihre Fähigkeiten zu entwickeln?
- Inwieweit nutzt der Vorgesetzte Möglichkeiten, Mitarbeitergespräche zu führen?

- Inwieweit erfüllt der Vorgesetzte Kontroll- und Informationspflichten?
- Inwieweit hat der Vorgesetzte durch eigenes, vorbildliches Verhalten, durch vorbeugende Maßnahmen und Kontrollen sichergestellt, daß sein Verantwortungsbereich den Sicherheitsanforderungen genügt?
- Inwieweit verhält sich der Vorgesetzte nach den internen Führungsgrundsätzen?

Vereinbaren von Zielen

- Inwieweit hat der Vorgesetzte die Zielsetzungen richtig geplant und den Zuständigkeitsbereich entsprechend organisiert?
- Inwieweit waren die vereinbarten Ziele realistisch?

Delegation

- Inwieweit hat der Vorgesetzte die Befugnisse erteilt, die der Mitarbeiter benötigt, um selbständig entscheiden zu können?
- Inwieweit sorgt der Vorgesetzte dafür, daß Befugnisse und Verantwortung im richtigen Verhältnis zueinander stehen?
- In welchem Umfang kann der Mitarbeiter über Mittel und Verfahrensmöglichkeiten frei verfügen?

Checkliste: die Beurteilungsfehler

Fehler beim Urteilenden

- *Wahrnehmungsselektion:* Aus objektiv gegebenen Erlebnismöglichkeiten werden nur bestimmte Inhalte wahrgenommen, z. B. weil man Vorurteile hat.
- *Kategorisierung:* Der Beurteilte wird einer Klasse zugeordnet, so »der Wiener«, »der Versager«; der andere wird auf gewisse Kern-

eigenschaften reduziert, so der Wiener auf die Eigenschaften »jähzornig«, »wenig Power«.

- *Einfrieren:* Die einmal vorgenommene Klassifizierung wird – auch bei gegenteiliger Erfahrung – nicht mehr geändert.
- *Überstrahlung:* Ein durch ein oder wenige Merkmale geprägter Eindruck überstrahlt alle anderen Verhaltensäußerungen.
- *Der erste Eindruck* ist prägend und liefert dem Beurteiler die Brille, mit der das zukünftige Verhalten des anderen betrachtet wird.
- *Eigene Persönlichkeitstheorie:* Von bestimmten Eigenschaften schließt man gerne auf andere, nicht beobachtete Eigenschaften: »Dummheit und Stolz wachsen auf einem Holz.«
- *Sympathie und Antipathie* verzerren Urteile in positiver und negativer Richtung
- *Die Grundeinstellung des Urteilenden:* Der Objektive orientiert sich nur an Tatsachen; der Überkritische richtet sich einseitig an schlechten Leistungen aus; der Nachsichtige vermeidet negative Urteile; der Vorsichtige gibt Urteile der »blassen Mitte« ab.
- *Ausdrucksfähigkeit und Interpretation:* Unterschiede in der Wortgewandtheit und im Ausdrucksvermögen sowie in der Interpretation von Beurteilungsmerkmalen führen zu offenen und verdeckten Urteilsdifferenzen.
- *Bewußte Beurteilungsverfälschungen* dienen der Begünstigung, dem Wegloben unbequemer oder der Bindung qualifizierter Mitarbeiter, der Schädigung anderer oder der Dokumentation eigener Leistungen.

Fehler aus der Beobachtungs- und der Beurteilungssituation

- *Einflüsse der Beobachtungssituation:* Dem Beurteiler sind die Anregungsbedingungen unbekannt, die das beobachtete Verhalten provozieren.

- *Einflüsse außerhalb der Beobachtungssituation:* Dem Beurteiler sind die Einflüsse unbekannt, die vor der beobachteten Verhaltensszene sich z. B. im privaten Bereich abspielen.
- *Einflüsse der Beurteilungssituation:* Die äußere Situation, in der Urteile gefällt werden müssen, verzerrt die Objektivität des Urteils. Belastungen in der Familie, Zeitdruck beim Beurteilungsvorgang, gespannte Beziehungen zu den Vorgesetzten und Mitarbeitern sind wichtige Einflußfaktoren.

Fehler aufgrund des Beurteilungsverfahrens

Es werden Merkmale beurteilt, die nicht beobachtbar sind, die keinen Einfluß auf Leistung und Verhalten haben, die Leistungsunterschiede nicht messen und dem Beurteiler Beurteilungspielräume vorgeben.

Zusammenfassung:
Die Beurteilung nach Leistungszielen

1. Schritt: *Erarbeitung der Beurteilungsunterlagen*
   - Anforderungsprofile
   - Leistungsmaßstäbe
   - sach- und personenbezogene Ziele festlegen

2. Schritt: *Beobachtung des Leistungsverhaltens*
   - Erstellung einer Ereigniskartei
     +/– Faktoren pro Mitarbeiter

3. Schritt: *Begutachtung der erbrachten Leistung*
   - Soll/Ist-Vergleich laut Zielvereinbarungsgespräch

4. Schritt: *Belegung des Urteils*
   - faktische Belegung der Urteile (Beispiele aus Beurteilungszeitraum anführen)

5. Schritt: *Ursachenanalysen*
- Waren Aufgabenzusammensetzung, Maßstäbe und Ziele unrealistisch?
- Waren die aufgetretenen Schwierigkeiten unvorhersehbar und bestehen sie noch?
- Läßt sich die Abweichung auf mangelnde Eignung des Mitarbeiters zurückführen?

6. Schritt: *Bestimmung von Entwicklungsmaßnahmen*
Aus der Diskrepanz zwischen Soll und Ist ergeben sich individuell angepaßte Fördermaßnahmen, z. B. Seminare, Job rotation, Beförderung, Veränderung der Pflichten, Versetzung, Neuformulierung der Stellenbeschreibung usw.

7. Schritt: *Beurteilungsgespräch*

Beispiel einer Zuordnung der Anforderungskriterien

Position:

Beurteilung der Arbeitsleistung

1. Arbeitsergebnis
2. Planung und Organisation
3. Fachkompetenz
4. Arbeitsmotivation
5. Soziale Kompetenz
6. Lernbereitschaft
7. CI-Orientierung

Position:

Führungskraft-Ergänzungen

1. Delegationsleistung
2. Mitarbeiterförderung
3. Motivation
4. Führungsverhalten

3.3. Durchführung von Fördergesprächen

Jeder Mitarbeiter im Unternehmen soll die Möglichkeit erhalten, ein Fördergespräch mit seinem Vorgesetzten zu führen. Dieses Gespräch soll in vorbereiteter Form (Fragekatalog) stattfinden. Die Führungskraft weckt das Interesse dafür beim Mitarbeiter, übergibt ihm das Einladungschreiben und vereinbart mit ihm einen Gesprächstermin.

Die Ziele des Fördergespräches sind:

- Wertschätzung über bisherige Zusammenarbeit und Arbeitsdurchführung
- Veränderungswünsche des Mitarbeiters ansprechen
- Probleme und Konflikte des Mitarbeiters in seinem Arbeitsbereich hinterfragen und gemeinsame Lösungen erarbeiten
- Überprüfung der Ist-Qualifikation mit den zukünftigen Anforderungen aus dem Strategiekonzept
- Fördergespräche werden vor der Einführung eines Mitarbeiterbeurteilungssystems durchgeführt.

Die Dauer des Fördergespräches soll $1^1/_2$ Stunden nach Möglichkeit nicht überschreiten (praktischer Erfahrungswert von ca. 1000 durchgeführten Fördergesprächen).

3.3.1. Arbeitsblatt

1. Vorbereitung des Fördergesprächs

- Mit welchem Mitarbeiter führe ich das Gespräch
- Welche Aktivitäten sind mir bei ihm/ihr aufgefallen (+/– Liste)
- Was hat er/sie gut bzw. schlecht gemacht
- Welche Probleme muß ich beim Gespräch ansprechen
- Festlegung des Ortes – ungestörte Gesprächsführung
- Zeitplan überprüfen

2. Durchführung des Gesprächs

- positiver Einstieg
- Vorbereitung ansprechen (Fragenkatalog)
- Grundsatz des Gesprächs noch einmal zusammenfassen
- Wertschätzung über bisherige Zusammenarbeit, Leistung
- offene Fragen zu den einzelnen Schwerpunkten stellen (Fragenkatalog)
- Aussagen prüfen und zusammenfassen
- offene Probleme des Mitarbeiters sammeln und in Prioritäten gliedern
- Probleme hinterfragen
  - Worin zeigt sich das Problem
  - Wo sind die fördernden und hemmenden Kräfte
  - Was muß zur Verbesserung geschehen
  - Erstellung eines Aktivitätenplanes mit Zeitplan
- Wertschätzung
- Zusammenfassung der Aussagen und Vereinbarungen
- Diskussion über machbare Veränderungen
- Festlegung der einzelnen Maßnahmen mit genauer Auflistung der Aktivitäten
- eventuell neuerlichen Termin vereinbaren, sofern offene Fragen zur Klärung anstehen

3. Nachbearbeitung

- Klärung der Maßnahmen mit Vorgesetzten oder Kollegen
- Information an zentralen Personalentwickler
- Ergebnisprotokoll festlegen
- Vermerk von Aktivitäten im Zeitplanbuch (Terminevidenz)
- Umsetzungskontrollen persönlich festlegen

3.3.2. Einladungsschreiben an die Mitarbeiter

Grüß Gott, Guten Tag, Herr/Frau . . .

Ihre berufliche und persönliche Zukunft ist die Grundlage einer erfolgreichen Tätigkeit. Wie Sie sich eine Verbesserung Ihres Arbeitsbereiches sowie unsere gegenwärtige und künftige Zusammenarbeit vorstellen, darüber möchte ich mit Ihnen sprechen.
Es geht mir beim Mitarbeitergespräch vor allem darum, Ihnen mitzuteilen

- wie ich Ihre Mitarbeit einschätze, und von Ihnen zu erfahren,
- ob es noch Verbesserungsmöglichkeiten hinsichtlich Aufgabenstellung, Arbeitsablauf und Arbeitsorganisation gibt,
- ob und wie unsere Zusammenarbeit weiter ausgebaut werden kann und
- wie Ihre persönlichen und beruflichen Vorstellungen mit den betrieblichen Möglichkeiten in Einklang gebracht werden können.

Ich weiß, daß es bei der weiteren Fortentwicklung unserer gemeinsamen Arbeit entscheidend auf Ihre Mithilfe ankommt, und freue mich, wenn wir ganz offen alle wichtigen Themen und Probleme ansprechen, die im weitesten Sinn mit Ihrer Arbeit zusammenhängen.
Ganz ausdrücklich möchte ich darin auch kritische Beiträge von Ihrer Seite einbeziehen.

Um den Einstieg in das Thema zu erleichtern, könnte es von Nutzen sein, die wesentlichsten Punkte vorher einmal zu durchdenken. In dem beigefügten Bogen sind als Anregung einige Punkte in Frageform zusammengestellt. Es bleibt aber selbstverständlich Ihnen überlassen, ob Sie gerade diese oder vielmehr andere Dinge von sich aus ansprechen wollen.
Ich bin zuversichtlich, daß sich unser Gespräch positiv auf unsere Arbeit und unser Betriebsklima auswirken wird.

Auf das Gespräch freut sich

Anlage ....
Unterschrift

Abb. 13: Einladungsschreiben an die Mitarbeiter

3.3.3. Fragenkatalog als Grundlage des Fördergesprächs

Ziele

- Was sind Ihre beruflichen Ziele in den nächsten Jahren?
- Was möchten Sie persönlich alles unternehmen?
- Wie sehen Sie die Unternehmensziele?
- Wie können Sie Ihre Arbeitsplatzziele zusammenfassen?

Arbeitsdurchführung

- Was gefällt Ihnen an Ihrer jetzigen Aufgabe am meisten/wenigsten?
- Welche Arbeitsziele halten Sie für besonders wichtig?
- Welche besonderen Schwierigkeiten müssen Sie bei Ihrer Arbeit überwinden?
- Haben Sie die nötige Unterstützung bei Ihrer Arbeit? Wenn nein, was könnte verbessert werden?
- Können Sie selbständig arbeiten?
- Was ist im Arbeitsablauf zu verbessern?
- Werden Doppelarbeiten geleistet?
- Haben Sie ausreichende Vollmachten?
- Welche Störungen treten regelmäßig bei Ihrer Arbeit auf?

- Wie kann man die einzelnen Störungen in Griff bekommen?

Zusammenarbeit

- Werden Sie über alle Angelegenheiten ausreichend und rechtzeitig informiert, die Ihre Arbeit unmittelbar und mittelbar betreffen?

- Wird offen über Ihre Arbeitsergebnisse gesprochen, so daß Sie jederzeit erkennen können, was gut und was verbesserungsbedürftig ist (Anerkennung – Kritik)?

- Ist eine freundliche, entkrampfte Atmosphäre für Gespräche vorhanden, in der auch Aufgeschlossenheit für persönliche Probleme herrscht?

- Besteht in Ihrem Bereich eine Aufgeschlossenheit gegenüber Änderungsvorschlägen und neuen Ideen, und wird versucht, diese zu berücksichtigen?

- Hatten Sie Schwierigkeiten bei der Zusammenarbeit mit Vorgesetzten, Mitarbeitern und in anderen Bereichen, und wie wären diese nach Ihrer Meinung zu überwinden?

- Welche Vorschläge haben Sie, wie Leistungsfähigkeit und Zufriedenheit in Ihrer Arbeitsgruppe erhalten und gefördert werden können?

Berufliche Eignung und Entwicklung

- Wie gut können Sie bei Ihrer gegenwärtigen Aufgabe Ihre Fähigkeiten voll einsetzen?

- Welche zusätzlichen Fachkenntnisse würden Ihnen helfen, Ihre Aufgaben noch besser zu erledigen?

- Welche Tätigkeiten und welche Aufgaben, die Sie kennen, wären angesichts der vorhandenen Fähigkeiten für sie geeignet?

- Welche Erwartungen und Vorstellungen haben Sie hinsichtlich Ihrer beruflichen Entwicklung in unserem Unternehmen?

3.3.4. Ergebnisbogen

Mitarbeiter:
Führungskraft:
Gespräch vom:

Ergebnisse	Aktivitäten	Zeitplan	erledigt
Arbeitsdurchführung			
Zusammenarbeit			
Eignung/Förderung			
Sonstiges			

einverstanden:

Unterschrift Mitarbeiter

Unterschrift Vorgesetzter

3.4. Vorgesetztenbeurteilung

Wie bereits in der Mitarbeiterbeurteilung dargestellt, hat diesmal der Mitarbeiter die Möglichkeit, seinen Vorgesetzten zu beurteilen.
Von dieser Möglichkeit machen noch wenige Unternehmen Gebrauch, da sich die Führungskräfte eher vor einer Beurteilung durch die Mitarbeiter fürchten.

Welche Vorteile ergeben sich bei der Beurteilung des Vorgesetzten aus Sicht des Mitarbeiters:

- Einschätzung des Führungsverhaltens ist ein Lernprozeß
- Probleme können leichter angesprochen werden
- Kompetenzsteigerung der Mitarbeiter in Richtung »Führung«
- offenere beidseitige Gesprächsbasis
- Abbau von Barrieren
- Veränderungschancen sind höher
- Mitarbeiter kann offen seine Meinung sagen
- Gefahr der inneren Kündigung wird entgegengewirkt
- einseitige Beurteilung nur Führungskraft zu Mitarbeiter ist dadurch aufgehoben

Vorteile aus der Sicht des Vorgesetzten:

- offenes Feedback über tatsächlich gelebtes Führungsverhalten
- Probleme einzelner oder des ganzen Teams werden angesprochen
- Mitarbeiterentwicklung und Kompetenzsteigerung bei der Führungskraft wird forciert
- Abbau von Störungen
- mehr und bessere Informationen über betriebliche Situation
- Konflikte können offener angesprochen werden
- besseres Führungsklima möglich

Die persönlichen Widerstände der einzelnen Vorgesetzten gegen eine Beurteilung durch ihre Mitarbeiter resultieren vor allem aus folgenden Überlegungen bzw. Empfindungen:

- Aus der Vorgesetztenbeurteilung resultieren Autoritätsverlust und die Aushöhlung der eigenen Führungsposition bzw. des eigenen Einflußpotentials.
- Durch die Beurteilung durch die Mitarbeiter entsteht eine zusätzliche Abhängigkeit von anderen und damit eine Erweiterung der persönlichen Fremdbestimmung.
- Die Fähigkeiten der Mitarbeiter zu zutreffender Beurteilung des eigenen Verhaltens wird bezweifelt.
- Die Mitarbeiter können ihr neues Einflußpotential mißbräuchlich nutzen und versuchen, den Vorgesetzten auf eigene Ziele hin zu bewegen.
- Die Ergebnisse der Vorgesetztenbeurteilung können an den nächsthöheren Vorgesetzten oder an andere Rezipienten weitergegeben werden und dort zu negativen Personalentscheidungen oder anderen unkontrollierbaren Konsequenzen führen.
- Die Eigendynamik der Vorgesetztenbeurteilungsprozesse führt zu ungeplanten negativen Nebenwirkungen.
- Der Nutzen der Vorgesetztenbeurteilung im Hinblick auf die Verbesserung der Führungssituation wird bezweifelt.
- Der Aufwand für die Durchführung der Vorgesetztenbeurteilung bedeutet für Mitarbeiter und Vorgesetzten einen unnötigen Zeitverlust.

Beispiel eines Fragebogens zur Vorgesetztenbeurteilung mit Bewertung der persönlichen Arbeitssituation:

1. Informiert Sie Ihr Vorgesetzter rechtzeitig über Entscheidungen, die Sie und Ihren Arbeitsplatz betreffen?

   o selten   o manchmal   o relativ häufig   o oft

2. Pflegt Ihr Vorgesetzter einen freundlichen und höflichen Kontakt zu Ihnen?

   o gar nicht   o etwas   o weitgehend   o vollkommen

3. Bespricht Ihr Vorgesetzter mit Ihnen die Ergebnisse Ihrer Arbeitsleistung?

o selten o manchmal o relativ häufig o oft

4. Nutzt Ihr Vorgesetzter Ihre Kenntnisse und Fähigkeiten?

o gar nicht o etwas o weitgehend o vollkommen

5. Kritisiert Sie Ihr Vorgesetzter in Gegenwart anderer?

o selten o manchmal o relativ häufig o oft

6. Ist Ihr Vorgesetzter bereit, auf Vorschläge von Ihnen einzugehen?

o selten o manchmal o relativ häufig o oft

7. Wieweit werden neue Mitarbeiter von Ihrem Vorgesetzten bezüglich des neuen Aufgabengebietes eingewiesen und unterwiesen?

o gar nicht o etwas o weitgehend o vollkommen

8. Akzeptieren Sie Ihren Vorgesetzten persönlich?

o gar nicht o etwas o weitgehend o vollkommen

9. Hilft Ihnen Ihr Vorgesetzter, wenn Sie persönliche Schwierigkeiten haben?

o selten o manchmal o relativ häufig o oft

10. Wieweit macht Ihr Vorgesetzter Ihnen bei unterschiedlichen Meinungen deutlich, daß er der Chef ist und zu bestimmen hat?

o gar nicht o kaum o etwas o stark

11. Wieweit setzt sich Ihr Vorgesetzter für Ihre Weiterbildung und Förderung ein?

    o kaum o etwas o weitgehend o intensiv

12. Zeigt sich Ihr Vorgesetzter daran interessiert, daß Sie sich an Ihrem Arbeitsplatz wohlfühlen?

    o wenig o etwas o weitgehend o stark

13. Informiert Sie Ihr Vorgesetzter über Ziel und Bedeutung Ihrer jeweiligen Arbeit?

    o kaum o etwas o weitgehend o intensiv

14. Übt ihr Vorgesetzter seine Macht spürbar aus?

    o selten o manchmal o relativ häufig o oft

15. Wieweit werden Sie an Entscheidungen Ihres Vorgesetzten beteiligt, die Ihr Arbeitsgebiet betreffen?

    o kaum o etwas o weitgehend o intensiv

16. Traut Ihnen Ihr Vorgesetzter zu, auch solche Arbeiten selbständig zu erledigen, die sonst nur er selbst tut?

    o gar nicht o kaum o etwas o weitgehend

17. Glauben Sie, daß Ihr Vorgesetzter außergewöhnliche Arbeiten gut und richtig verteilt?

    o selten o manchmal o relativ häufig o oft

18. Ist die Kontrolle Ihres Vorgesetzten störend?

    o gar nicht o kaum o etwas o stark

19. Gibt Ihnen Ihr Vorgesetzter alle verfügbaren Informationen, die zur Erfüllung der zugewiesenen Aufgabe nötig sind?

o selten o manchmal o relativ häufig o immer

20. Vertrauen Sie Ihrem Vorgesetzten?

o wenig o etwas o weitgehend o stark

21. Reagiert Ihr Vorgesetzter bei Fehlleistungen ärgerlich?

o kaum o etwas o weitgehend o stark

22. Wieweit unterstützt Sie Ihr Vorgesetzter bei der Entwicklung Ihrer Fähigkeiten oder Leistungsmöglichkeiten?

o kaum o etwas o weitgehend o intensiv

23. Wieweit werden Sie in die Zielsetzung oder Maßnahmenplanung Ihres Vorgesetzten einbezogen?

o kaum o etwas o weitgehend o intensiv

24. Überläßt Ihr Vorgesetzter Ihnen diejenigen Arbeiten voll und ganz, die Sie selbständig erledigen können?

o selten o manchmal o relativ häufig o oft

25. Spricht Ihr Vorgesetzter mit Ihnen über Ereignisse und Entwicklungen im Unternehmen, damit Sie die Situation gut beurteilen können?

o kaum o etwas o weitgehend o intensiv

26. Wie wirken die Arbeitsmittel auf Sie, mit denen Sie den größten Teil Ihrer Arbeit erledigen?

o sehr belastend o etwas belastend o nicht belastend
o entlastend

27. Wie klappt die Zusammenarbeit mit anderen Gruppen im Haus?

    o kaum o manchmal o meistens o immer

28. Wie empfinden Sie den Spielraum Ihrer Arbeit?

    o ungenügend o gering o weitgehend o angemessen

29. Können Sie Ihre Fähigkeiten und Kenntnisse bei Ihrer Arbeit einsetzen?

    o kaum o etwas o weitgehend o völlig

30. Haben Sie gute persönliche Beziehungen zu Arbeitskollegen?

    o zu keinem o zu wenigen o zu mehreren o zu vielen

Quelle: Vorgesetztenbeurteilung, Peter Reinecke, C. Heymanns Verlag AG, Köln, S. 312–313

3.5. Einführung neuer Mitarbeiter

Die Einführung von neuen Mitarbeitern ist ein informativ wichtiger Vorgang. Die bei der Einführung zu tätigenden Maßnahmen können bereits im voraus genau geplant und festgelegt werden.
Zu beachten gilt, daß der neue Mitarbeiter(in) nicht mit dem sogenannten »Kulturschock« allein gelassen wird.
Zur Einführung empfiehlt sich deshalb, im Form einer Checkliste genau festzuhalten, was mit dem Mitarbeiter geschehen soll.
Wenn Sie ein Mitarbeiterhandbuch (siehe Kapitel 3.8.) im Unternehmen aufliegen haben, dann haben Sie bereits einen schönen Überblick über die wichtigsten Informationen des Unternehmens.

Was ist bei der Einführung von neuen Mitarbeitern alles zu beachten:

1. Vorbereitung

- Arbeitsbeginn und Zeit für Einführung vormerken
- genauen Einsatz planen
- Arbeitsplatz vorbereiten
- Arbeitsunterlagen überprüfen
- Vorgesetzten und Kollegen unterrichten
- Einarbeitung übertragen an Betriebspaten . . .

2. Begrüßung

- persönliches Gespräch (Werdegang und Ziele)
- Überblick über die Betriebsorganisation geben
- Arbeit des neuen Mitarbeiters im betrieblichen Gesamtrahmen erklären
- Schwerpunkte seines Arbeitsgebietes erläutern
- Eventuell vorhandene Einführungsvorschriften erläutern

3. Vorstellen

- beim unmittelbaren Vorgesetzten
- bei den künftigen Kollegen
- bei dem Mitarbeiter, der ihn einarbeitet
- bei anderen Mitarbeitern, mit denen er zu tun hat

4. Orientieren

- Arbeitsplatz zeigen
- Garderobe
- Waschräume, Toiletten
- Sanitäreinrichtungen, Erste-Hilfe-Kasten
- Kantine (Essensmarken bzw. Essenszuschuß)

5. Informieren

- die wichtigsten Arbeitsunterlagen
- Sicherheitsvorschriften, Hinweise auf besondere Unfallgefahren

- Hinweise auf Verhalten bei Bränden, Urlaub, Krankheit
- Arbeitszeit, Pausen, Urlaubsregelung, Entgeltfortzahlung

6. Einarbeiten

- Stellenbeschreibung aushändigen
- Unterlagen und Arbeitsabläufe erklären
- über Arbeitsgänge im einzelnen unterweisen
- Arbeitsausführung prüfen
- Arbeitsergebnisse besprechen

7. Nachfassen

- sich um den Neuen systematisch kümmern, seinen unmittelbaren Vorgesetzten und ihn selbst nach seinen Erfahrungen fragen, Fortschritte anerkennen, Fragen beantworten, ggf. zusätzliche Hilfestellung geben

8. Beurteilen

- innerhalb der Probezeit die Eignung oder Nichteignung feststellen

(Quelle BDA, Arbeitsbericht Nr. 41, a. a. O., 1979 S. 8)

Zusätzlich sollte dem Mitarbeiter ein genauer Einführungsplan (Abb. 14) ausgehändigt werden.

	Name des Mitarbeiters		Einführungsplan		
Art der Einarbeitung des neuen Mitarbeiters	Durchführung	Termin von	bis	Abgeschlossen am	Kurzzeichen
Grundinformation					
Firmengeschichte; Bedeutung und Größe der Firma					
Organisation und Ordnung des Gesamtbetriebes					
Marktstellung, Produkt- und Leistungspalette; Eigenheiten des Unternehmens					
Soziale Leistungen und Einrichtungen					
Art und Umfang interner und externer Information					
Mitarbeiterhandbuch					
Hauspate					
Betriebsbesichtigung					
Einstellungsuntersuchung					
Einarbeitung					
Information über Abteilungsorganisation					
Einführung in die Abteilung					
Einführung am Arbeitsplatz					
Bekanntmachen mit Arbeitsrichtlinien und -grundsätzen					
Unterrichtung über Sicherheitsbestimmungen					
Zusätzliche Maßnahmen					
Präsentation der Arbeitsplätze					
Unterschrift des eingearbeiteten neuen Mitarbeiters	Hauptverantwortlicher	Einarb. abgeschlossen		Unterschrift	

Abb. 14: Einführungsplan

3.5.1. Präsentation des Arbeitsplatzes zur Einführung

Bei Neuaufnahmen von Mitarbeitern, Job rotation von Mitarbeitern in andere Abteilungen, neuen Vorgesetzten ist die Präsentation der Arbeitsplätze der Mitarbeiter untereinander eine sehr wirksame Methode, die Kontaktebene einerseits und das Verständnis für die Arbeiten des/der Kollegen(in) andererseits zu wecken.

Jeder Mitarbeiter präsentiert seinen Arbeitplatz nach

- Ziele des Arbeitsplatzes
- Hauptaufgaben der Stelle
- Spezialaufträge
- besondere Projekte
- Zusammenarbeit mit anderen Abteilungen
- Skizzierung eines »Typischen Tagesablaufes«
- Organisation des Arbeitsplatzes (Ablagewesen, technische Geräte, Zeitplanbuch)
- Motto bei der Arbeit

3.6. Seminarvor- und -nachbereitungsgespräche unter Einbeziehung des Transferbogens

Zur systematischen Erfolgssteuerung von Aus- und Weiterbildungsmaßnahmen sind Gespräche vor Seminarbeginn und nach Absolvierung eines Seminares sehr wichtig, um gezielte Transferarbeit zu leisten.
Die Gespräche werden vom jeweiligen Vorgesetzten geführt. Nur in Ausnahmefällen führt der Personalentwicklungsverantwortliche (PE'ler) diese Gespräche (Krankheit des Vorgesetzten).

Was soll als Vorbereitung mit dem Mitarbeiter besprochen werden:

Seminarvorbereitungsgespräch

Zielsetzung des Gesprächs

- Motivation und Einstimmung auf das Seminar

- Ziele und Inhalte des Seminares zusammenfassen
- Praxisbezug herstellen
- Lernerwartungen wecken
- Problemfelder aus dem Arbeitsfeld ansprechen
- Seminarvorbereitung überprüfen (Vorbereitungsunterlagen, bearbeitete Fallbeispiele usw.)

Gesprächsablauf

- Wertschätzung
- bisherigen Entwicklungsplan zusammenfassen
- bisherige Seminare auf Nutzen und Umsetzung überprüfen (kurze Zusammenfassung)
- Besprechung der Inhalte
- Diskussion über mögliche Widerstände bei der Realisierung des neuen Wissens
- derzeitige und zukünftige Anforderungen zusammenfassen
- Ziele und Inhalte des Seminares aus Sicht der praktischen Umsetzung
- Arbeits- und Lernfeld besprechen (Lernen am Arbeitsplatz – Transfer)
- Seminarvorbereitung zusammenfassen (Unterlagen kurz besprechen)
- Ausdrückliches Abklären der Frage, ob und wieviel Arbeitszeit der Teilnehmer zur Vorbereitung auf das Seminar verwenden darf
- Hinweis auf Bedeutung der Weiterbildung
- Ansprechen von Befürchtungen hinsichtlich der »liegenbleibenden Arbeit«
- Festsetzung der Stellvertreterregelung für die Seminarzeit
- Besprechung Transferbogen (Seminarbericht)
- Termin für Seminarnachbearbeitung vereinbaren
- Form der Zusammenfassung der Seminarinhalte vereinbaren (nach dem Seminar)
- Informationsmöglichkeit abklären zur weiteren Umsetzung der Inhalte
- Motivation und Verstärkung

Wenn der Mitarbeiter das Seminar besucht hat und zurückkommt, wird mit ihm das Seminarnachbereitungsgespräch geführt.
Als Grundlage zu diesem Gespräch dient der Transferbogen, wo der Mitarbeiter seine Erkenntnisse vorbereitend zusammenfaßt.

Seminarnachbereitungsgespräch

Zielsetzung des Gesprächs

- Wirksame Umsetzung des Gelernten absichern
- Problembewußtsein des Seminarteilnehmers nützen
- Aktivitätenplan vereinbaren und absichern
- Transferleitlinien vereinbaren

Gesprächsablauf

- Positive Einstimmung
- Frage: »Wie ist das Seminar gelaufen?«
- Analyse des Seminarberichtes
- kurze Seminarzusammenfassung durch den Teilnehmer
- Besprechung seines Transferbogens im Hinblick auf die Umsetzung
- Festlegung der genauen Umsetzungsschritte mit machbaren Maßnahmen
- Vereinbarung von Kontrollen
- Überprüfung, ob die Lernziele im Seminar hinreichend verständlich und eindeutig formuliert waren
- Gab es Abweichungen hinsichtlich der Inhalte und des Informationsmaterials
- Welche nicht geplanten Lernerfolge wurden erzielt
- Klärung der Erfordernisse aus der Sicht des Vorgesetzten und des Teilnehmers (»Was zur Umsetzung notwendig ist?«)
- Festlegung eventuell weiterer Bildungsschritte
- Abklärung, ob Seminar auch für andere Mitarbeiter interessant ist
- Ergänzung des Laufbahnplanes (Ausbildungspaß)
- Überprüfung der Kosten laut Budget
- Anfertigung eines Gesprächsprotokolls

Die Ergebnisse des Seminarnachbereitungsgespräches werden in Protokollform festgehalten und dem jeweiligen Personalentwicklungsverantwortlichen überreicht.

Protokoll Seminarnachbereitung

Mitarbeiter:
Vorgesetzter:
Seminar: Datum: von bis
Ort:

Zusammenfassung der Inhalte:

Aktivitäten	Maßnahmen	Zeitplan	Kontrolle

....
Seminarteilnehmer Vorgesetzter

Abb. 15: Protokoll Seminarnachbereitung

Für die Seminarnachbereitung wird der vom Seminarteilnehmer bereits bearbeitete Bogen herangezogen.

Aus- und Weiterbildung

Beurteilung externer Weiterbildungsmaßnahmen

Transfer-Bogen:
Name: Abteilung:
Seminar:
von – bis:
Trainer:

Lernziele:

Lerninhalte:

Wurden Ihre Erwartungen:

- o weit übertroffen
- o übertroffen
- o erfüllt
- o teilweise erfüllt
- o nicht erfüllt

Bekamen Sie Anregungen:

- o sehr viele
- o viele
- o wenige
- o sehr wenige
- o keine

Wenn Anregungen erhalten:
Halten Sie diese Anregungen für praktisch verwertbar:

- o ja
- o teilweise
- o nein

Was halten Sie für praktisch anwendbar?

Was halten Sie für praktisch nicht anwendbar?

Mit welchen Widerständen ist bei der Anwendung zu rechnen?

War der fachliche Inhalt:

o sehr interessant
o interessant
o teilweise interessant
o wenig interessant
o uninteressant

Was sollte eingehender behandelt werden?

Welche Themen sollten zusätzlich behandelt werden?

Was sollte im Rahmen von internen Schulungen weiter vertieft werden?

Welche Themen wurden von seiten des Trainers überbewertet?

Was hat Ihre besondere Zustimmung gefunden?

Halten Sie ein weiterführendes Seminar für notwendig?

o ja
o nein
Begründung:

Wünschen Sie in dem Seminar mehr

o Diskussionen
o Rollenspiele
o praktische Beispiele
o Arbeitsunterlagen
o Schaubilder/Grafiken
o Literaturangaben
o Fallstudien
o Präsentationen

Ist die Dauer des Seminares

o zu lang

o angemessen
o zu kurz

War die Vortragsweise des Trainers

o sehr gut
o gut
o befriedigend
o ausreichend
o unbefriedigend

Anmerkungen:

3.6.1. Transfervertrag

Eine weitere Aktivierung der Transferarbeit gelingt mit der bindenden Aktivierung des Seminarteilnehmers mit sich selbst.
Der Transfervertrag (Anlehnung an Prof. Dr. Stiefel) gliedert sich in drei Teile:

Teil 1: Seminarvorbereitung
Teil 2: Seminar-Lernfortschrittsüberprüfung
Teil 3: Seminarnachbearbeitung

Der erste Teil, die Seminarvorbereitungsunterlage, kann bereits beim Vorbereitungsgespräch der Führungskraft mit dem Seminarteilnehmer abgearbeitet werden.

Transfervertrag

Name: Datum:

Adresse:

Telefon:

Seminar:

Wichtigste Inhalte:

Checkliste: Seminarvorbereitung

1. Was will ich bei diesem Seminar lernen?

2. Welche Probleme aus meinem Arbeitsfeld sollten abgearbeitet werden?

3. Was will ich in dieses Seminar einbringen?

4. Was will ich zur Seminarvorbereitung tun?

5. Wie wurde ich in der Firma auf dieses Seminar aufmerksam gemacht?

Die Seminar-Lernfortschrittskontrolle dient dazu, die einzelnen Seminarschritte während des Seminars auf Verständnis und Umsetzbarkeit hin zu überprüfen.
Die offenen, noch nicht beantworteten Fragen können so direkt im Seminar bearbeitet werden. Sollten Fragen, speziell aus der praktischen Umsetzungsarbeit, offen bleiben, so bildet die »Lernfortschritts-Kontrolle« eine Gesprächsgrundlage für das Nachbereitungsgespräch mit dem Vorgesetzten.
Was beinhaltet die Seminar-Lernfortschrittskontrolle?

Checkliste: Seminar-Lernfortschrittsüberprüfung

1. Welche Lerninhalte waren für mich heute besonders interessant?

2. Wie können diese Lerninhalte zur Lösung meiner Probleme und zu den Erfordernissen an meinem Arbeitsplatz beitragen?

3. Welche Maßnahmen muß ich zur Realisierung dieser Lerninhalte unternehmen?

4. Wo sind für mich im Laufe des Tages Fragen entstanden, die noch nicht abschließend geklärt wurden, für mich aber so bedeutsam sind, daß ich diese noch bearbeitet wissen möchte?

5. Welche Anregungen des heutigen Tages möchte ich in einem individuellen Weiterbildungsplan im einzelnen in Angriff nehmen?

Zur Seminarnachbearbeitung wird bereits am Ende des Seminares die transferunterstützende Umsetzung eingeleitet.
Jeder Seminarteilnehmer arbeitet die Punkte des Seminarnachbereitungsbogens ab.

Checkliste: Seminar-Nachbereitung

1. Was wurde beim Seminar . . . alles besprochen?

2. Wie konnte meine Lernerwartungshaltung erfüllt werden?

3. Welche Probleme und Wünsche meinerseits sollen im Seminar noch bearbeitet werden?

4. Über welche Themen möchte ich noch mehr erfahren, und was will ich dazu unternehmen?

5. Welche Erkenntnisse werde ich in das Arbeitsfeld übertragen?

was	wie / mit wem	wann

6. Über welche Themen werde ich mit meinem Vorgesetzten sprechen?

Themen	Inhalte	wann

7. Was werde ich meinen Kolleg(inn)en weitergeben?

Themen	Inhalte	wann

8. Wie schaut mein Aktivitätenplan aus?

Aktivität	Maßnahmen	bis wann

9. Wer wird meinen Aktivitätenplan überprüfen?
(Kopie an ....)

Datum: ....

Unterschrift

Mit dem Transfervertrag wird in hohem Maße gewährleistet, daß die Seminarteilnehmer Ihre Vor- und Nachbereitungsarbeit ernst nehmen. Mit Hilfe des Vorgesetzten kann die Erfolgskontrolle von Aus- und Weiterbildungsmaßnahmen damit sehr wirksam gestaltet werden.
Aus der praktischen Seminartätigkeit heraus empfehlen wir auch, daß bereits im Seminar der Trainer der Gruppe empfiehlt, sich einen Lernpartner für die Transferarbeit auszuwählen, welcher ca. 3–4 Monate nach dem Seminar seinen Lernpartner hinsichtlich Umsetzungserfolg anspricht.
Diese Art von Transferarbeit hat bereits vielen Seminarteilnehmern geholfen, erste Umsetzungschwierigkeiten zu überwinden. Des weiteren sind daraus bereits einige intensive Lernnetzwerke neu entstanden.

Zusammenfassend ist die Tätigkeit der Seminarvor- und -nachbereitung eine wichtige Angelegenheit der Führungskräfte. Die Erfolgskontrolle einer Bildungsmaßnahme kann nur in der direkten Überprüfung der Anwendung am Arbeitsplatz erfolgen. Deshalb nützen Sie diese Informationen und helfen Sie mit, Ihre Investitionen zu einer langfristigen Strategie und gezielten Kompetenzsteigerung wirksam zu machen.

3.7. Durchführung von Mitarbeitergesprächen

Meist finden Gespräche zwischen Vorgesetzten und Mitarbeitern täglich statt.
Sie dienen der gegenseitigen Information, Entscheidungsvorbereitung und Meinungsbildung. Das Mitarbeitergespräch trägt wesentlich zum Betriebsklima und zur Realisierung der Unternehmensziele bei.
Mindestens einmal im Jahr soll der Vorgesetzte dem Mitarbeiter die Möglichkeit einräumen, ein ausführliches Gespräch über die Tätigkeit, Verbesserungsmöglichkeiten, Probleme am Arbeitsplatz (Förder- und Beurteilungsgespräch) usw. zu führen. Daraus ergeben sich für beide Teile gute Informationsausgleiche, um die beruflichen und persönlichen Ziele leichter zu erreichen.

Im folgenden möchten wir drei weitere Mitarbeitergesprächssituationen zusammenfassen, welche durch die praktische Umsetzungserfahrung sehr wichtige und erfolgreiche Maßnahmen darstellen:

1. Feedback-Gespräch (Informationseinholung der Führungskraft über Wirkung des Führungsverhaltens)
2. Zielvereinbarungsgespräch (Führungskraft mit Mitarbeiter)
3. Delegationsgespräch (Übertragung von neuen Aufgaben zur Kompetenzsteigerung des Mitarbeiters)

3.7.1. Feedback-Gespräche

Ein wichtiges Führungsinstrument ist das Feedback-Gespräch der Führungskraft mit dem Vorgesetzten und den unmittelbaren Untergebenen mit folgenden Grundüberlegungen:

- es wird bewußt Feedback über das eigene Führungsverhalten eingeholt
- Stärken/Schwächen beim »Führen« werden analysiert
- Problemanalyse zum Thema »Führen«
- Überprüfung der Einhaltung der Führungsgrundsätze
- Veränderungen im Führungsverhalten
- Entwicklungsmöglichkeiten werden besprochen
- Information von den Mitarbeitern dient der offeneren Kommunikation

Wie sieht der diesbezügliche Gesprächsablauf aus:

1. Vorbereitung

- Führungsverhalten bewußt überprüfen
- Gespräch zuerst mit Vorgesetzten, dann mit Mitarbeitern führen
- Termine zeitgerecht vereinbaren
- Dauer des Gespräches soll eine Stunde nicht überschreiten
- Mitarbeiter und Vorgesetzte auf das Gespräch vorbereiten lassen
  Fragen: Wie sehen Sie mich als Führungskraft?
  Wie zufrieden sind Sie mit meiner Führungsarbeit?

Welche Probleme gibt es zwischen uns?
Was gehört Ihrer Meinung nach verbessert?
Wie intensiv orientiere ich mich an den Führungsgrundsätzen?
Welche Führungsaufgaben (Ziele vereinbaren, delegieren, motivieren usw.) gehören verbessert?
Was soll Ihrer Meinung nach ein Vorgesetzter noch an Eigenschaften und Fähigkeiten erfüllen?
Welche Fördermaßnahme würden Sie mir zur Verbesserung der Situation empfehlen?

2. Gespräch

- positiver Einstieg
- Darstellung des Feedback-Gespräches
- Fragen systematisch bearbeiten
- Informationen notieren
- offene Punkte hinterfragen
- Zusammenfassung über die Informationen erstellen
- Maßnahmen gemeinsam besprechen und auf Umsetzung überprüfen
- Aktivitäten- und Zeitplan festlegen
- ev. Kontrolltermine, speziell mit eigenen Vorgesetzten, vereinbaren
- Wertschätzung über das offene Feedback
- Verstärkung
- Hinweis auf Vertraulichkeit

3. Nachbereitung

- Aktivitätenpläne aller Feedback-Gespräche zusammenfassen
- Maßnahmen absichern
- Kontrolle der vereinbarten Maßnahmen
- Erfahrungsaustausch einplanen

3.7.2. Zielvereinbarungsgespräche

Führung durch Zielvereinbarung ist ein Führungskonzept, das in hohem Maße die Eigenbeteiligung des Mitarbeiters in die Zielvereinbarung miteinbezieht.
Im Mittelpunkt steht die Vereinbarung der persönlichen Leistungsziele. Diese Ziele sind das Ergebnis eines Prozesses der Zielvereinbarungen, ausgehend vom Zielsystem des Unternehmens (Abb. 16):

Abb. 16: Prozeß der Zielvereinbarung

Aus den Unternehmenszielen werden die Gruppen- und Einzelziele abgeleitet.
Die verbindliche Zielvereinbarung erfolgt mit jedem Mitarbeiter einzeln.

Das Setzen von Zielen fördert Arbeitseinteilung und Arbeitsverhalten, wenn
- der Mitarbeiter das Ziel annimmt
- es von ihm als erheblich betrachtet wird
- er auf dem Wege zum Ziele hin mit der Beachtung durch den Vorgesetzten rechnen kann, dieser also das Ziel ebenfalls als erheblich einstuft.

Die Leistungsziele müssen vor allem folgende Merkmale aufweisen:

- Zielklarheit (Eindeutigkeit): der Mitarbeiter kennt die an ihn gestellten Erwartungen, er fühlt sich sicherer; der Mitarbeiter kann den Mitteleinsatz zweckmäßiger gestalten.
- Beteiligung der Mitarbeiter an der Zielsetzung: sie fördert die Annahme und innere Übernahme des Ziels; vorauszusetzen ist, daß der Mitarbeiter die Beteiligung wünscht und sie im Arbeitsfeld durchgängig angewandt wird.
- Schwierigkeitsmaß: eine Steigerung erhöht den Anreiz, solange die Zielerreichung als möglich angesehen wird.
- Ergebnis-Feedback: die Rückkopplung muß rechtzeitig erfolgen und eindeutig sein, sie bewirkt bei positivem Feedback die Bereitschaft zur Setzung anspruchsvollerer Ziele; bei negativem Feedback tritt dieser Effekt nur ein, wenn die Verhaltensmängel konstruktiv zur Zielrevision eingesetzt werden.
- Belohnungs-(Bestrafungs-)potential: die Erwartung einer Belohnung bewirkt eine Leistungssteigerung, bei geldwerten Belohnungen jedoch nur eine geringere Steigerung der Arbeitszufriedenheit.
- Eigenständigkeit der Zielerreichung: bei Mitarbeitern mit entsprechender Bedürfnislage positive Wirkungen auf Zufriedenheit und Einsatz.

Die Wirkungen des Systems der Führung durch Zielvereinbarung hängen in hohem Maße von den persönlichen Merkmalen des Mitarbeiters ab:

- positive Wirkungen auf die Arbeitsleistung (weniger auf die Arbeitseinstellung) bei hohem Leistungsbedürfnis
- positive Wirkungen auf die Arbeitszufriedenheit (weniger auf die Leistung) bei hohem Autonomiebedürfnis
- bei hohem Sicherheitsbedürfnis (korrelierend mit mangelndem Selbstvertrauen) kommt der Zielklarheit in bezug auf Leistung und Einstellung des Mitarbeiters Bedeutung zu.

Leistungssteigerung durch Führen mit Zielvereinbarung läßt sich nicht nur bei hoch befähigten und motivierten Mitarbeitern, sondern vor allem bei weniger Begabten und Motivierten nachweisen.
Bei stark miteinander verbundenen Aufgaben ist der Zielabstimmung besondere Beachtung zu schenken, ggf. sind statt Einzelzielen Gruppenziele anzuwenden.

Die Zielvereinbarung

Die Leistungsziele des Mitarbeiters sind aus den übergeordneten Unternehmenszielen abzuleiten.
Die arbeitsteilige Organisation von Unternehmen führt zu einer Zielhierarchie. Ein Vorgesetzter kann seine Leistungsziele nur erreichen, wenn auch die ihm unterstellten Mitarbeiter ihre Ziele realisiert haben. Die Ziele der jeweils unterstellten Stufe erscheinen als Mittel zur Erreichung der Ziele der übergeordneten Stufe.
Aus den Leistungszielen der Führungsspitze werden die Ziele der Abteilungs- und Filialleiterebene abgeleitet. Der Prozeß setzt sich Stufe für Stufe fort. Das bedeutet, daß die Zielvereinbarung immer an der Spitze der Hierarchie beginnen muß. Wir unterscheiden hier zwei Verfahren:

- Top-down-Prinzip:
  Von der Unternehmensleitung werden Sollvorgaben entwickelt, die mit den betroffenen Hauptabteilungen abgestimmt werden. Diese

stimmen ihre Hauptabteilungsziele mit denen der Abteilung ab usw.

- Bottom-up-Prinzip:
  Die Zielformulierung beginnt auf der untersten Ebene: die Zielvorstellungen der untergeordneten Stufe gehen nach entsprechendem Abstimmungsprozeß in die Zielplanung der vorgesetzten Stufe ein.

Die Zieltransformation ist in Abstimmung mit dem in der Stellenbeschreibung festgelegten Aufgabenbereich des Mitarbeiters vorzunehmen. Dabei kann es erforderlich sein, die Aufgabenbeschreibung zu verändern.

Die Arten der Leistungsziele

Wir unterscheiden im Hinblick auf den angestrebten Zweck zwei Zielgruppen:

1. Unternehmensbezogene Leistungsziele

– als Primärziele: Sie dienen unmittelbar den im Unternehmensplan festgelegten Zielen, wie Erzielung eines bestimmten Verkaufsumsatzes, Fertigung einer bestimmten Stückzahl.
– als Sekundärziele: Sie dienen mittelbar der Erreichung der Unternehmensziele, sind gleichsam die Voraussetzung, um die Primärziele zu erreichen, wie Verbesserung des Betriebsklimas, Beschaffung qualifizierter Mitarbeiter und Ausbildung, Erhöhung der Arbeitszufriedenheit. Da auch Sekundärziele vielfach erst bei Vorliegen bestimmter Voraussetzungen erreicht werden können, sind Sekundärziele zweiter, dritter oder vierter Ordnung aufzustellen.

2. Persönliche Entwicklungsziele, die darauf abstellen, die Leistungsfähigkeit des Mitarbeiters zu erhalten und zu erhöhen. Sie umfassen die Vermittlung von Wissen und Fertigkeiten, die Entfaltung von Fähigkeiten und die Weckung von Einstellungen und Verhaltensgewohnheiten. Persönliche Entwicklungsziele sind das Vehikel, die Leistungsziele im engeren Sinn zu erreichen.

Der Prozeß der Zielvereinbarung

Bereits mit der Bezeichnung dieses Abschnitts wird deutlich, daß Leistungsziele den Mitarbeitern nicht von außen – sei es vom Vorgesetzten oder der Unternehmensleitung - vorgegeben werden sollten. Zwischen den Zielen des Mitarbeiters (bedürfnisorientiert) und denen des Unternehmens (ökonomisch orientiert) ist Einklang herzustellen, d. h., der Mitarbeiter muß die für ihn geltenden Ziele akzeptieren (innere Annahme) und sich mit ihnen identifizieren.
Der Weg zur Annahme und Identifikation wird durch die Erwartungstheorie der Motivation vorgezeichnet. Es sind folgende Voraussetzungen zu schaffen:

1. Die Zielerreichung muß für den Mitarbeiter einen Bedürfniswert haben; sie muß zur Erfüllung von Bedürfnissen führen, z. B. interessante Aufgaben, höhere Verantwortung, höheres Gehalt, Vermeidung von Statuspotenz.

2. Die Zielerreichung muß von der eigenen Leistung (Aufgabenerfüllung) abhängen, durch entsprechende Prämierung finanziell belohnt werden. Gelangt der Mitarbeiter auch ohne größere Anstrengung zur Prämie, wird das Leistungsziel nicht motivieren, wird er es nicht »verinnerlichen«.

3. Die Zielerreichung muß möglich sein, das Ziel darf also nicht zu hoch angesetzt werden.

Arbeitsblatt für Zielvereinbarungsgespräch:

1. Vorbereitung

- Klarheit über das Zielsystem (Leitbild, Strategie, operative Ziele)
- Zielsetzung des Gesprächs definieren
- zur Zielvereinbarung bereits eigene Überlegungen anstellen
- quantitative und qualitative Zielgrößen bereits als Vorschlag vorbereiten

2. Gespräch

- positiver Einstieg
- Grundsatz des Gesprächs
- Zusammenfassung der Unternehmensziele
- Abteilungsziele darlegen
- Wertschätzung über bisherige Leistung, Zielerreichung
- Vorteile der Zielvereinbarungen für den Mitarbeiter herausstellen
- individuelle Ziele vereinbaren: Achtung auf ausreichende Bestimmtheit, Erreichbarkeit
- offene Fragen zu den einzelnen Schwerpunkten stellen
- Aussagen prüfen und zusammenfassen
- welche Voraussetzungen zur Zielerreichung sind notwendig?
  - Abstimmung mit anderen
  - Sachmittel
  - Ausbildung
  - Unterstützung, wo, in welchem Ausmaß?
- wo sehen Sie mögliche Probleme?
- wie können wir diese vermeiden bzw. beseitigen?
- offene Punkte des Mitarbeiters sammeln
- Wertschätzung
- Zusammenfassung der Aussagen
- Festlegung eines Aktivitätenplanes mit Zeitplan und Kontrollterminen

3. Nachbearbeitung

- Klärung der zu schaffenden Voraussetzungen mit Vorgesetzten, Kollegen
- Termine eintragen
- Kontrollen fix einplanen

3.7.3. Delegation als Grundlage der Mitarbeiterentwicklung

Das Übertragen von Aufgaben mit der damit zusammenhängenden Verantwortung und dem Entscheidungsspielraum sind wichtige Schritte im Bereich der Mitarbeiterentwicklung.

Die richtige Delegation hängt von verschiedenen Faktoren ab. Die wichtigsten Inhalte eines Delegationsauftrages sind in Abb. 17 zusammengefaßt:

6 W-Regeln für den Delegationsauftrag

Was?	Was ist überhaupt alles zu tun? Welche Teilaufgaben sind im einzelnen zu erledigen? Welches Ergebnis wird angestrebt? (Soll) Welche Abweichungen vom Soll können in Kauf genommen werden? Welche Schwierigkeiten sind zu erwarten?
Wer?	Wer ist am ehesten geeignet, diese Aufgabe oder Tätigkeit auszuführen? Wer soll bei der Ausführung mitwirken?
Warum?	Welchem Zweck dient die Aufgabe oder Tätigkeit (Motivation, Zielsetzung)? Was passiert, wenn die Arbeit nicht oder unvollständig ausgeführt wird?
Wie?	Wie soll bei der Ausführung vorgegangen werden? Welche Verfahren sollen angewendet werden? Welche Vorschriften und Richtlinien sind zu beachten? Welche Stellen/Abteilungen sind zu informieren? Welche Kosten dürfen entstehen?
Womit?	Welche Hilfsmittel sollen eingesetzt werden? Womit muß der Mitarbeiter ausgerüstet sein? Welche Unterlagen werden benötigt?
Wann?	Wann soll/muß mit der Arbeit begonnen werden? Wann soll/muß die Arbeit abgeschlossen sein? Welche Zwischentermine sind einzuhalten? Wann will ich über den Fortschritt der Aufgabe vom Mitarbeiter informiert werden? Wann muß ich was kontrollieren, um ggf. eingreifen zu können?

Abb. 17: Inhalte eines Delegationsauftrages

Jede Führungskraft sollte mindestens einmal pro Jahr eine Delegationsmatrix (Abb. 18) erstellen, in der die Haupt- und Nebenaufgaben zusammengefaßt und die täglichen, durchschnittlichen Zeitanteile ausgerechnet werden.
Dann sollte sich die Führungkraft überlegen, welcher Mitarbeiter in welchem Zeitraum die zu delegierende Aufgabe übernehmen könnte, so daß zuletzt eine Mindesteinsparung an Zeit von ca. 30% der durchschnittlichen Tages-Soll-Zeit erreicht werden kann.

Delegationsmatrix

Aufgaben	Zeitanteile pro Tag in Min.	Delegation möglich an: im Zeitraum von:			Zeiteinsparung pro Tag
		Mitarbeiter 1	MA 2	MA 3	
* Nachbestellung Büroartikel	2 Min.	ab sofort			2 Min.
* Reklamationen-Erstkontakt	15 Min.		ab Dez.		15 Min.

Abb. 18: Delegationsmatrix

Die Vorteile des Delegierens auf einen Blick:

- systematische Kompetenzsteigerung der Mitarbeiter durch Übertragung neuer Aufgaben
- Freiräume für die Führungskraft schaffen
- mehr Zeit zur Wahrnehmung von Führungsaufgaben
- eigene Weiterentwicklung wird durch Übernahme neuer Aufgaben gewährleistet
- Zeit wird rationeller gestaltet
- für 1.-Priorität-Arbeiten ist mehr Zeit, damit ist auch eine qualitative Arbeitsausführung möglich
- Flexibilität der Mitarbeiter wird gefördert
- wesentlicher Beitrag in Form von »Job enrichment«
- Abbau von unnötigen Überstunden
- bessere und effizientere Zielerreichung ist dadurch möglich

Arbeitsblatt für Delegationsgespräch:

1. Vorbereitung

- Ausgangssituation
- Zielsetzung des Gesprächs
- Inhalte
- Besonderheiten

2. Gespräch

- positiver Einstieg
- Wertschätzung
- Arbeitszufriedenheit abklären
- Ziele der Tätigkeit des Mitarbeiters zusammenfassen
- Hinweis auf Entwicklungsmöglichkeiten
- Lernen im Unternehmen definieren
- neue Aufgabe beschreiben
- 6-W-Regeln für den Delegationsauftrag einsetzen
- Prüfung des Mitarbeiters (Verständnis)

- Aufforderung zur Tat
- Ergebnisse gemeinsam festlegen
- konkrete Vereinbarung mit Zeitangabe
- positiver Abschluß
- gemeinsame Zusammenfassung, Prüfung, ob alles klar ist
- Verstärkung
- Motivation

3. Nachbearbeitung

- Vereinbarung im Zeitplanbuch bei Projekten eintragen
- Kontrolltermine berücksichtigen
- eventuell Hilfestellung überlegen

3.8. Einführung eines Mitarbeiterhandbuches

Die betriebsinterne Informationspolitik erhält einen immer höheren Stellenwert bei den Mitarbeitern. In vielen Unternehmen sind die wichtigsten Daten wie Unternehmensleitbild, Strategie, Produkte, Vorstand usw. nirgends schriftlich zusammengefaßt. Gerade für neue Mitarbeiter ist es dann schwer, einen Überblick über das Unternehmen zu erhalten.
Außerdem will jeder Mitarbeiter in einem Unternehmen informiert werden über die Ziele und Schwerpunkte des Unternehmens, denn jeder von uns verbringt sehr viel Zeit täglich bei der Arbeit.
Das Mitarbeiterhandbuch ist, soferne es bereits eingeführt ist, ein hervorragendes Führungsinstrumentarium für die Führungskraft. Der Vorgesetzte kann immer wieder auch auf verschiedene Informationen während der Durchführung von Mitarbeitergesprächen zurückgreifen.

Folgende Informationen sollen im Mitarbeiterhandbuch zusammengefaßt werden:

- Unternehmensleitbild (1 bis 2 Seiten)
- Unternehmensstrategie (2 Seiten)
- Unternehmensziele (Markt, Produktion, betriebswirtschaftlich, betriebsintern)

- Organigramm des Unternehmens mit kurzer Erklärung
- Unternehmensgrundsätze
- Führungsgrundsätze
- Unternehmenskultur-Grundsätze
- Abteilungs- und Arbeitsplatzziele
- Stellen- und Aufgabenbeschreibung des Mitarbeiters
- Anforderungsprofil je Stelle
- Laufbahn- und Karrierechancen
- Personalentwicklungsgrundsätze
- Förder- und Beurteilungsgesprächsergebnisse
- Entlohnungssystem mit Sozialleistungen
- Sicherheitsvorschriften
- Rechte und Pflichten des Mitarbeiters
- Mitarbeiterinformationsschreiben (Überblick)
- Sonstiges

4. Aus- und Weiterbildung

4.1. Grundlagen der Aus- und Weiterbildung

Zur systematischen Kompetenzsteigerung ist die Aus- und Weiterbildung ein wichtiger Faktor, um Mitarbeiter in eine bestimmte Qualifikationsstufe hinzuführen oder sie in einer bestimmten Qualifikationsstufe zu halten.

Wenn jemand seinen Job ordnungsgemäß macht, so ist sehr wichtig, daß trotz einer gesicherten Basis die Bildung nicht stehenbleiben darf.

Lebenlanges Lernen ist heute das Motto, weil die raschen Veränderungen in der Technik, bei den Produkten, der Gesetzeslage, Wertewandel usw. zu einem immer neuen Lernen zwingen.

Das einzig Beständige ist heute der Wandel, dieses Motto gilt ganz besonders für die betriebliche Bildungsarbeit.

In wenigen Unternehmen ist die Bildungspolitik in ihren Grundsätzen geregelt, wo festgehalten wird, welchen Stellenwert überhaupt die Bildungsarbeit im Unternehmen hat und wieviel intern und extern investiert wird.

Oft sind auch nicht die Voraussetzungen für erfolgreiche Bildungsarbeit geschaffen, wie z. B. mangelhaftes Zielsystem, kein ausgebildeter Personalentwickler, keine Schulungsreferenten (Trainer), kein Bildungskonzept, keine Zeit oder überaltetes Konzept.

Es mangelt oftmals vor allem bei den Klein- und Mittelbetrieben auch am Verständnis der Geschäftsführung oder des Vorstandes für konzeptionelle Bildungsarbeit, obwohl auch diese Strukturen in der Lage sind, eine strategiebezogene Bildungsarbeit in Form von Personalentwicklungs- und Organisationsentwicklungsprojekten umzusetzen.

Bei größeren Unternehmen findet sich meist ein eigener Personalentwicklungsbeauftragter, welcher bereits konzeptionell und strategieorientiert arbeitet.

Jedes Unternehmen braucht eine systematische Wissenserweiterung, da sonst die Gefahr des Zurückbleibens im Wettbewerb sehr groß wird.

Jede Bildungsarbeit beginnt mit der Problemfeststellung, ob das Bildungsdefizit ein Arbeitsproblem oder ein Verhaltensproblem ist oder auf einen Mangel an Können zurückgeht.
Wenn man bedenkt, daß das natürliche Lernen am Arbeitsplatz zu 80% direkt im Unternehmen erfolgt und nur 20% intentionales Lernen (Lernen auf Seminaren, Vorträgen usw.) sind, dann sollte die volle Kraft in die systematische Planung des natürlichen Lernens gelegt werden.

4.2. Bildungsbedarfserhebung

4.2.1. Befragung

In moderierter Form kann der strategische Bildungsbedarf analysiert werden.
Ein Projektteam, möglichst aus Teilnehmern aller Hierarchieebenen, bearbeitet folgenden Fragenkatalog:

- Welche strategischen Anforderungen kommen auf unsere Bildungsarbeit zu?
- Wo liegen unsere offensichtlichen Bildungslücken im Unternehmen?
- Welche Probleme und Schwierigkeiten sind bei der bisherigen Bildungsarbeit noch immer nicht überwunden?
- Welchen Bildungsbedarf wird es in den nächsten 10 Jahren bei uns geben?
  a) Gesamtunternehmen
  b) abteilungs-, bereichsbezogen
  c) Führungskräfte
  d) Mitarbeiter
- Wie zufriedenstellend funktioniert die interne/externe Ausbildung (intern – eigene Bildungsveranstaltungen, extern – Seminare, bei externen Anbietern)?
- Mit welchen Lernwiderständen haben wir regelmäßig zu kämpfen?
- Wie wird im Unternehmen überhaupt gelernt?

- Was hemmt das natürliche Lernen in unserer Organisation?
- Was gehört unserer Meinung nach bei der betrieblichen Bildungsarbeit verändert?

4.2.2. Qualifikationsgespräch

Das Qualifikationsgespräch hilft sowohl dem Vorgesetzten als auch dem Mitarbeiter, den Bildungsbedarf gemeinsam festzulegen.
Wenn der Vorgesetzte bereits das Fördergespräch (Kapitel 3.3.) oder das Mitarbeiterbeurteilungsgespräch (Kapitel 3.2.) durchführt, dann hat er schon ausführlich über die Qualifikation der zukünftigen Anforderungen mit dem Mitarbeiter gesprochen.
Wenn er aber keines der beiden angeführten Gespräche führt, weil es im Unternehmen noch nicht institutionalisiert ist, dann soll die Führungskraft mit dem Mitarbeiter ein eigenes »Qualifikationsgespräch« führen, wo gemeinsam die Bildungswünsche und -defizite besprochen werden.

Folgende Fragen sollen beim »Qualifikationsgespräch« behandelt werden:

- Wie sieht das Anforderungsprofil der Stelle heute und aufgrund des Strategiekonzeptes aus?
- Was bereitet dem Mitarbeiter immer wieder Schwierigkeiten bei der Durchführung seiner Tätigkeit?
- Wann hat er das letzte Seminar besucht?
- Wie sieht seine Eignung mit Bezug auf das Anforderungsprofil aus?
- In welchen Bereichen hat er Bildungswünsche?
  - Fachwissen
  - Produktion
  - Führung
  - Vertrieb/Verkauf
  - Methoden
  - Kommunikation/Verhalten
  - Persönlichkeitsentwicklung
- Was benötigt er aus Sicht des Vorgesetzten?

- Wohin möchte sich der Mitarbeiter entwickeln?
- Wie passen seine Weiterbildungswünsche zum bisherigen Karriereplan und zur Stellenanforderung?
- Welche neuen Aufgaben will er übertragen bekommen?
- Welche Voraussetzungen benötigt er dafür?
- Welche Leistungsdefizite bzw. zu entwickelnde Stärken des Mitarbeiters hat der Vorgesetzte entdeckt?
- Besteht ein Defizit in einem Informationsrückstand, Anwendungserfahrung, fehlende Motivation, fehlende Durchsetzung, fehlende Hilfsmittel usw.?
- Welche Widerstände beim Mitarbeiter sind in punkto »Lernen« zu überwinden?

Nach Absolvierung des Gespräches wird ein kurzer Bericht verfaßt, welcher an den Mitarbeiter selbst und an die zentrale Bildungs- oder Personalentwicklungsstelle zur weiteren Bearbeitung übergeben wird.

4.2.3. Ermittlung des Bildungsbedarfes durch Überprüfung des Zufriedenheitsgrades

Die angeführten, praktisch vielfach erprobten Fragebögen zeigen auf, wie man einen guten Überblick über den Zufriedenheitsgrad im Unternehmen im Bereich der Bildungsarbeit erhält.
Die Fragebögen sind auf die jeweilige Branche abzustimmen.

Allgemeiner Bildungsbedarfsbogen:

	nicht zufrieden-stellend						sehr zufrieden-stellend
1. Wie zufrieden sind Sie mit ihrer jetzigen Arbeit?	1	2	3	4	5	6	7
2. Wie gut funktioniert die Zusammenarbeit in der Abteilung?	1	2	3	4	5	6	7

3. Wie zufrieden sind Sie mit der Schulung, die Sie von Ihrem Unternehmen erhalten? | 1 | 2 | 3 | 4 | 5 | 6 | 7 |

4. Wie können Sie die Seminarerkenntnisse in die Praxis umsetzen? | 1 | 2 | 3 | 4 | 5 | 6 | 7 |

5. Wie gut schätzen Sie Ihr

   a) Fachwissen | 1 | 2 | 3 | 4 | 5 | 6 | 7 |

   b) Führungswissen | 1 | 2 | 3 | 4 | 5 | 6 | 7 |

   c) Methodenwissen | 1 | 2 | 3 | 4 | 5 | 6 | 7 |

   d) Verhaltenswissen | 1 | 2 | 3 | 4 | 5 | 6 | 7 |

   e) Verkaufswissen | 1 | 2 | 3 | 4 | 5 | 6 | 7 |

   ein?

6. Wie zufrieden sind Sie mit der Seminarvorbereitung im Unternehmen? (z. B. Gesprächsmöglichkeit mit Ausbildungspaten oder Vorgesetzten) | 1 | 2 | 3 | 4 | 5 | 6 | 7 |

7. Wie intensiv ist die Nachbearbeitung von besuchten Seminaren? | 1 | 2 | 3 | 4 | 5 | 6 | 7 |

8. Wie zufrieden sind Sie mit dem Ausbildungsprogramm der Firma? | 1 | 2 | 3 | 4 | 5 | 6 | 7 |

9. Wie gut arbeitet Ihrer Meinung nach der Personalverantwortliche im Betrieb? | 1 | 2 | 3 | 4 | 5 | 6 | 7 |

10. Wie zufrieden sind Sie mit Ihrer bisherigen Laufbahnplanung? | 1 | 2 | 3 | 4 | 5 | 6 | 7 |

11. Wie sind Sie mit Ihrer Karriereplanung zufrieden? | 1 | 2 | 3 | 4 | 5 | 6 | 7 |

12. Wie erfolgreich werden Ihrer Meinung nach die internen Seminare durchgeführt? | 1 | 2 | 3 | 4 | 5 | 6 | 7 |

Veränderungswünsche:

13. Welche fünf Punkte würden Sie am Ausbildungssystem Ihrer Firma verändern?

14. In welchen Bereichen möchten Sie sich beruflich weiterbilden?

15. Mit wem sprechen Sie über die Seminare, von denen Sie zurückkommen?

16. Welche Probleme treten meist bei der Anwendung des neu erworbenen Seminarwissens auf?

17. Wie wichtig ist für Sie generell die persönliche Weiterbildung?

unwichtig — sehr wichtig

1	2	3	4	5	6	7

18. Welche Seminare haben bei Ihnen die größten Veränderungen herbeigeführt?

Seminar	Inhalt

19. Welcher Bildungsbedarf wird sich in den nächsten Jahren bei Ihrer Tätigkeit ergeben?

20. Welche der angeführten Seminare würden Ihren Spaß an der Arbeit steigern?

bitte ankreuzen — hier Gewichtung angeben:

- o Fachseminare ______
- o Arbeitstechnik ______
- o Kommunikation ______
- o Führung ______
- o Gruppendynamik ______
- o Organisation ______
- o Weitergeben von Informationen ______
- o Train the Trainer ______
- o Zeitmanagement ______
- o Life-Styling (Lebensfreude steigernde Seminare) ______
- o Motivation ______

Bildungsbedarfserhebung für Verkaufsarbeit:

Wie zufrieden sind Sie mit Ihrer/Ihren:

	nicht zufrieden						sehr zufrieden
• Struktur bei den Verkaufsgesprächen (KAAPAV)	1	2	3	4	5	6	7
• Gesprächseröffnung mit einem Kunden	1	2	3	4	5	6	7
• Bedarfsanalysekompetenz	1	2	3	4	5	6	7
• Produkt-/Warenpräsentation	1	2	3	4	5	6	7
• Argumentationstechniken	1	2	3	4	5	6	7
• Abschlußtechniken	1	2	3	4	5	6	7
• Verstärkertechnik	1	2	3	4	5	6	7
• Fragetechniken	1	2	3	4	5	6	7
• Preisgesprächsführung	1	2	3	4	5	6	7
• Reklamationsbehandlung	1	2	3	4	5	6	7

• Ein- und Vorwandbehandlung	1	2	3	4	5	6	7
• Einwandtechniken	1	2	3	4	5	6	7
• initiative Kundenansprache	1	2	3	4	5	6	7
• Intensivierungsstrategie	1	2	3	4	5	6	7
• Akquisitionstechnik (Neukundenansprache)	1	2	3	4	5	6	7
• Fachkenntnis	1	2	3	4	5	6	7
• Kunden-/Zielgruppenkenntnis	1	2	3	4	5	6	7
• Kommunikationsfähigkeit	1	2	3	4	5	6	7
• Fähigkeit, persönliche Beziehungen zu gestalten	1	2	3	4	5	6	7
• Initiative bei der Kontaktaufnahme	1	2	3	4	5	6	7
• Kundeneinschätzung	1	2	3	4	5	6	7
• Präsentationstechniken	1	2	3	4	5	6	7
• Rhetorik (Sprache)	1	2	3	4	5	6	7
• Kinetik (Körpersprache)	1	2	3	4	5	6	7

• Dialektik	1	2	3	4	5	6	7
• Persönlichkeit im allgemeinen	1	2	3	4	5	6	7

Wie zufrieden sind Sie mit den/der:

	nicht zufrieden						sehr zufrieden
• Verkaufsunterlagen allgemein	1	2	3	4	5	6	7
• Verkaufshilfen	1	2	3	4	5	6	7
• Abschlußformularen	1	2	3	4	5	6	7
• Analysehilfen	1	2	3	4	5	6	7
• Kontrollmöglichkeiten	1	2	3	4	5	6	7
• Verkaufsplanung im Unternehmen	1	2	3	4	5	6	7
• Zielvereinbarungen	1	2	3	4	5	6	7
• Marketingkonzept	1	2	3	4	5	6	7
• Zeiteinteilung	1	2	3	4	5	6	7
• Arbeitstechnik	1	2	3	4	5	6	7

Praktischer Bildungsbedarfsbogen im Baustoffhandel mit der zusätzlichen Überprüfung der Zufriedenheit der Führungsleistungen der Führungskräfte:

Wie zufrieden sind Sie mit Ihrer:

	nicht zufrieden						sehr zufrieden
1. Struktur bei den Verkaufsgesprächen (KAAPAV)	1	2	3	4	5	6	7
2. Gesprächseröffnung mit dem Kunden	1	2	3	4	5	6	7
3. Bedarfsanalysekompetenz	1	2	3	4	5	6	7
4. Produkt-/Warenpräsentation	1	2	3	4	5	6	7
5. Argumentationstechnik	1	2	3	4	5	6	7
6. Abschlußtechnik	1	2	3	4	5	6	7
7. Verstärkertechnik	1	2	3	4	5	6	7
8. Fragetechnik	1	2	3	4	5	6	7
9. Preisgesprächsführung	1	2	3	4	5	6	7
10. Reklamationsbehandlung	1	2	3	4	5	6	7

11. Ein- und Vorwandbehandlung	1 2 3 4 5 6 7
12. Initiative Kundenansprache	1 2 3 4 5 6 7
13. Intensivierungsstrategie	1 2 3 4 5 6 7
14. Akquisitionstechnik (Neukundenansprache)	1 2 3 4 5 6 7
15. Fachkenntnis	
• Baustoff (Grundbaustoffe, Ausbaustoffe, Dachmaterial, Bauelemente, Gartengestaltung)	1 2 3 4 5 6 7
• Baumarkt (Baumarktsortimentskenntnisse in der jeweiligen Abteilung)	1 2 3 4 5 6 7
16. Kunden-/Zielgruppenkenntnis	1 2 3 4 5 6 7
17. Kenntnis Baurecht und kaufm. Recht	1 2 3 4 5 6 7
18. Kenntnis von Förderungen und Finanzierungshilfen	1 2 3 4 5 6 7
19. Bauphysik allgemein	1 2 3 4 5 6 7

Wie zufrieden sind Sie mit den/der:

	nicht zufrieden						sehr zufrieden
20. Verkaufsunterlagen allgemein	1	2	3	4	5	6	7
21. Verkaufshilfen	1	2	3	4	5	6	7
22. Abschlußformularen	1	2	3	4	5	6	7
23. Analysehilfen	1	2	3	4	5	6	7
24. Kontrollmöglichkeiten	1	2	3	4	5	6	7
25. Verkaufsplanung im Unternehmen	1	2	3	4	5	6	7
26. Zielvereinbarungen	1	2	3	4	5	6	7
27. Marketingkonzept	1	2	3	4	5	6	7
28. Zeiteinteilung	1	2	3	4	5	6	7
29. Arbeitstechnik	1	2	3	4	5	6	7
30. EDV	1	2	3	4	5	6	7
31. Statistiken/Berichte	1	2	3	4	5	6	7

Wie zufrieden sind Sie mit Ihrer:

	nicht zufrieden						sehr zufrieden
32. Kommunikationsfähigkeit	1	2	3	4	5	6	7
33. Fähigkeit, persönliche Beziehungen zu gestalten	1	2	3	4	5	6	7
34. Initiative bei der Kontaktaufnahme	1	2	3	4	5	6	7
35. Kundeneinschätzung	1	2	3	4	5	6	7
36. Rhetorik (Sprache)	1	2	3	4	5	6	7
37. Kinetik (Körpersprache)	1	2	3	4	5	6	7
38. Dialektik	1	2	3	4	5	6	7
39. Persönlichkeit im allgemeinen	1	2	3	4	5	6	7

Führungswissen (nur für Führungskräfte):

Wie zufrieden sind Sie mit Ihrem Wissen und Können in bezug auf:

	nicht zufrieden						sehr zufrieden
40. Führungswissen allgemein	1	2	3	4	5	6	7

41. Führungsstile und Auswirkungen	1	2	3	4	5	6	7	
42. Zielvereinbarungsgespräch	1	2	3	4	5	6	7	
43. Delegieren	1	2	3	4	5	6	7	
44. Mitarbeiter schulen	1	2	3	4	5	6	7	
45. Kontrollieren	1	2	3	4	5	6	7	
46. Planung und Organisation	1	2	3	4	5	6	7	
47. Entscheidungstechniken	1	2	3	4	5	6	7	
48. Moderationstechnik	1	2	3	4	5	6	7	
49. Kritikgespräche führen	1	2	3	4	5	6	7	
50. Loben, anerkennen	1	2	3	4	5	6	7	
51. Motivationsgespräche	1	2	3	4	5	6	7	
52. Präsentationen halten vor MA und Vorgesetzten	1	2	3	4	5	6	7	
53. Effiziente Sitzungs-, Besprechungstechnik	1	2	3	4	5	6	7	
54. Effizientes Berichtswesen	1	2	3	4	5	6	7	

______	55. Coaching-Wissen	1	2	3	4	5	6	7
______	56. Fördergespräche führen	1	2	3	4	5	6	7
______	57. Mitarbeiter beurteilen	1	2	3	4	5	6	7
______	58. Persönlichkeitsentwicklung als Führungskraft	1	2	3	4	5	6	7
______	59. Arbeitstechnik und Zeitmanagement	1	2	3	4	5	6	7

Die Bögen werden von dem Bildungsbeauftragten und/oder PE'ler ausgewertet und für das Gesamtunternehmen zusammengefaßt. Eine Projektgruppe erarbeitet daraufhin eine Zusammenfassung der Problemanalyse und versucht die Lernziele für die zukünftigen Bildungsmaßnahmen zu erarbeiten.

4.3. Phasen der Entwicklung eines Aus- und Weiterbildungskonzeptes

Zur Entwicklung eines Aus- und Weiterbildungskonzeptes soll die Abb. 19 eine Übersicht über die Weiterbildungsplanung im Unternehmen zeigen.
Die Unternehmensziele und -strategie (Stärken- und Schwächenanalyse, Wettbewerbsanalyse, Engpaß-Analyse usw.) sind die Grundlagen der Entwicklung einer Bildungskonzeption. Aus diesen langfristigen Überlegungen werden neue Aufgabenstellungen an die Positionen abgeleitet.
Die sich daraus ergebenden neuen, oftmals ziemlich umfangreich veränderten Qualifikationserfordernisse werden in Form einer Bedarfsanalyse (Fördergespräch, Bildungsbedarfsbogen, Informationsveranstaltung, Workshop usw.) festgelegt.

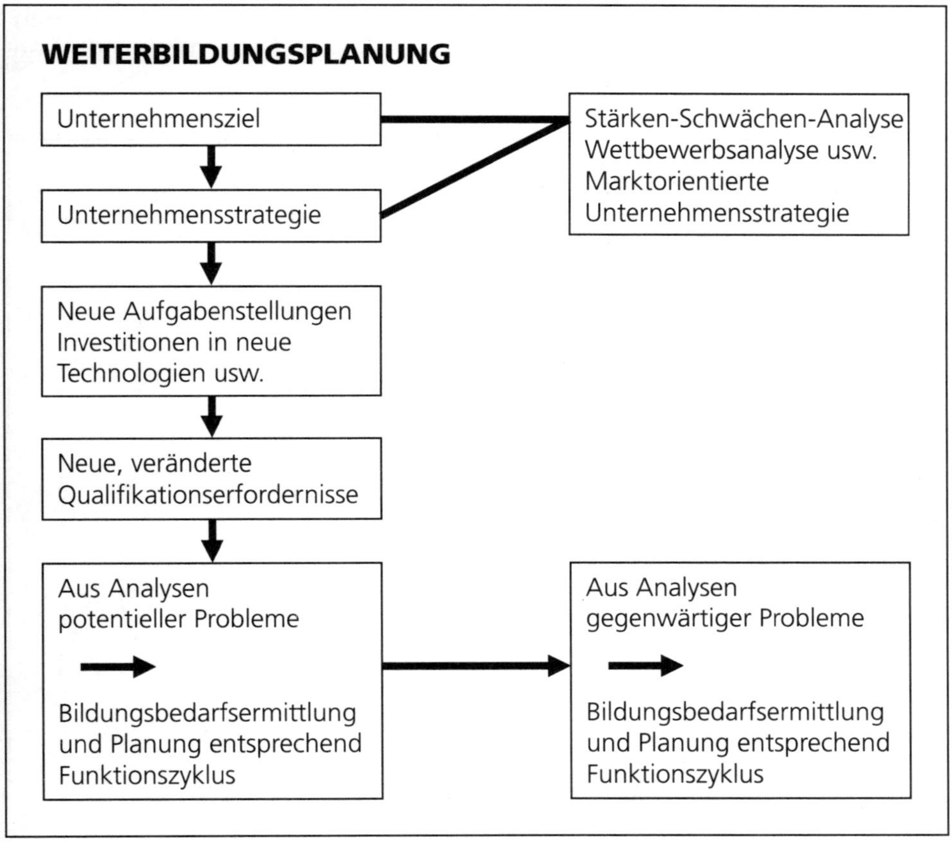

Abb. 19: Weiterbildungsplanung

Aus der Problemanalyse des strategischen Handlungsbedarfs können die einzelnen Schritte des Phasenprozesses der Weiterbildung (Abb. 20) durchgeführt werden.

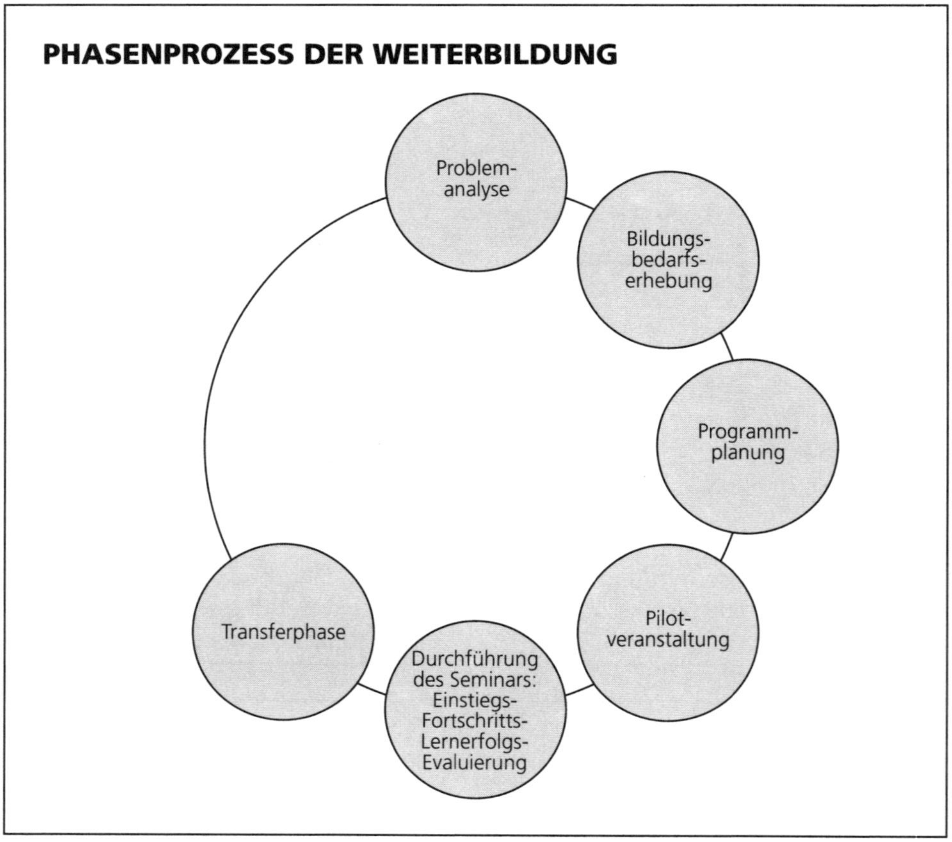

Abb. 20: Phasenprozeß der Weiterbildung

4.3.1. Problemanalyse – Bedürfniserkennung – Bildungsbedarfserhebung

Bei der Problemanalyse bzw. Bedürfniserkennung sind zwei unterschiedliche Vorgangsweisen zur Erhebung notwendig.

a) Problemanalyse

Im Rahmen der betrieblichen Aufgabenerfüllung kann es bei den Mitarbeitern und Führungskräften immer wieder zu aktuellen Umsetzungsproblemen kommen.
Folgende beispielhafte Situationen können zu einem Handlungsbedarf der Aus- und Weiterbildung führen:

- negative Grundeinstellung
- fehlerhaftes Anwenden von Vorschriften, Richtlinien, Gesetzen
- mangelndes Zielbewußtsein (trotz Zielsystem)
- nachlassende Identifikation mit dem Unternehmen
- mangelnde Zielerreichung, z. B. Vertriebsplanziele werden nicht erreicht
- hohe Fehlerquote, z. B. Bearbeitung von Formularen, Handling von Maschinen
- häufiger auftretende Konflikte unter den Mitarbeitern
- Beschwerden von seiten der Kunden, z. B. fehlerhaftes Beraterverhalten
- hohe Krankenstände
- längerfristiger Ausfall eines Mitarbeiters, dadurch Aufgabenübertragung an verschiedene Mitarbeiter (Einschulungsbedarf)
- hoher Grad an innerer Kündigung
- überraschende Selbstkündigung eines Mitarbeiters

b) Bedürfniserkennung

- geforderte Veränderung der Qualifizierung aus dem Zielsystem des Unternehmens (Bildungsbedarfsbogen)
- definierte Nachfolgeplanung (strategiekonform)

- Entwicklungsbedürfnis der Nachfolgelücken
- Handlungsbedarf aus den Ergebnissen der Förder- und Beurteilungsgespräche
- aktuelle, veränderte Situationen (neue Produkte, Verfahren, Richtlinien, geänderte Wettbewerbssituation usw.)
- neue Positionen im Rahmen des Strategiekonzeptes
- geplante Veränderungen im Form von »Job rotation«
- Nachbesetzungsplanung aufgrund überraschender Ausfälle (Selbstkündigung)

Bei diesen Situationen ist die genaue Analyse über den zusätzlich benötigten Qualifizierungsbedarf wichtig, da vielleicht nicht immer ein Programm zur Aus- und Weiterbildung notwendig ist, sondern die Gründe auch durchaus anderer Natur sein können.

Die Bildungsbedarfserhebung stützt sich neben den Fragebögen (siehe Kapitel 4.2.) noch auf folgende Aktivitäten:

a) Interviews – Befragungen
b) Beobachtung
c) Dokumentenanalyse

a) Interviews – Befragungen

In Ergänzung zu den Bedarfsbögen, oder wenn die darin enthaltenen Aussagen überprüft werden sollen, ist eine direkte mündliche Befragung der dafür zuständigen Personen (Personalentwickler oder externer Berater) angezeigt. Dabei sind gezielt die gewünschten Personalqualifikationen zu erfragen. Das folgende Anforderungsschema dient dabei als Frageraster:

1. Fachliche Kenntnisse und Fertigkeiten
2. Persönliche Voraussetzungen
3. Sozial- und Kommunikationsverhalten
4. Führungsqualitäten
5. Kultur

Eine schriftliche Befragung geht vom persönlichen Aufgabenverständnis und vom Anforderungsprofil aus der Sicht des Mitarbeiters aus. Der Mitarbeiter listet Aufgaben und Anforderungen auf, schätzt die zeitliche Beanspruchung dafür, gewichtet Aufgaben und Anforderungen für heutige und künftige Verhältnisse in seiner Funktion und leitet daraus seine persönlichen Ausbildungsbedürfnisse ab (Abb. 21).

Nr.	Aufgaben und Anforderungen	Eingesetzte Zeit (%)	Gewicht		Ausbildungsbedürfnisse
			heute	zukünftig	

Abb. 21: Aufgaben und Ausbildungsbedürfnisse

Lit. aus: Werner Fassbind: „Aktuelles Handbuch für die optimale Personalführung", Teil 12, Weka-Verlag, Zürich

Eine mündliche Befragung geschieht nach der jährlichen Zielvereinbarung im Zusammenhang mit der gemeinsamen Jahresplanung in Form des Förder- oder Beurteilungsgesprächs. Der Mitarbeiter äußert im ungezwungenen Arbeitsgespräch mit seinem Vorgesetzten berufliche Aus- und Weiterbildungsbedürfnisse, die im Zusammenhang mit der Umsetzung von Leistungszielen in der operativen Planung auftauchen.

b) Beobachtung

Die gezielte Beobachtung durch einen geschulten Fachmann/-frau bei der Arbeitsausführung, bei Sitzungen, in Seminaren usw. liefert ebenfalls wichtige Daten über das effektiv vorhandene Fähigkeitenpotential des Personals. Die Beobachtung eignet sich insbesondere für die mit anderen Erhebungsverfahren nur schwer erfaßbare Ermittlung von aktuellem Sozial-, Kommunikations- und Führungsverhalten.
Mit dem Assessment-Center werden diese Verhaltenskriterien besser erkannt.

c) Dokumentenanalyse

Folgende Grundlagenpapiere sind systematisch auf Aussagen abzusuchen, aus denen sich entsprechende Anforderungen an das Personal ableiten lassen:

- Zielsystem des Unternehmens
- laufende Anpassungen zum Zielsystem
- Leitbilder
- Strategiekonzept
- Konzepte und Grundlagenberichte der Personalentwicklung
- Karrierepläne
- Studien und betriebliche Gutachten
- Richtlinien und Weisungen

Folgende Führungsinstrumente enthalten Hinweise auf postulierte Mitarbeiterfähigkeiten:
- Strategisches Personalentwicklungskonzept
- Nachfolgeplanung
- Förder- und Beurteilungsgesprächsergebnisse
- Organigramm und Stellenpläne
- Stellenanalysen mit Aufgabenstruktur-Analyse
- Funktionsdiagramme
- Verfahrensvorschriften
- Anforderungsprofile

Die Ergebnisse werden im Bedarfserhebungsformular (Abb. 22) festgehalten.

Bedarfserhebung		Schulungsplanung					
Problembeschreibung	Lösungsansätze	Lernziele	Maßnahmen	Teilnehmer	Termin	Ort	Kosten

Abb. 22: Bedarfserhebungsformular

4.3.2. Programmplanung mittels Lernzielformulierung

Aus der Problemanalyse bzw. Bedürfniserkennung wird der Weiterbildungsbedarf abgeleitet, wobei folgende Aspekte berücksichtigt werden müssen:

- Kombination Wünsche – Anforderungen
- Kontakt Bildungszuständige – Betroffene (laufende Gespräche)
- Ist das Problem ein Bildungsproblem?
- Erhebung abhängig vom Selbstverständnis der Bildungszuständigen
- Zur *Bildungsbedarfserhebung* ergibt sich der folgende Ablaufplan:

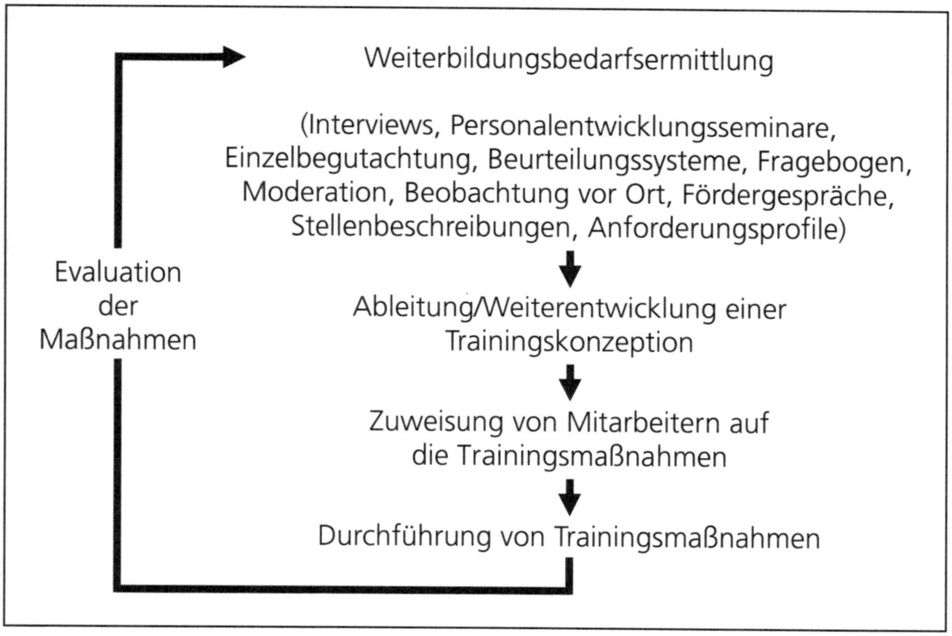

Abb. 23: Aufbauplan Bildungsbedarfserhebung

Die Ergebnisdarstellung ist selbst bereits ein Lernprozeß für den Personalentwickler oder die Projektgruppe.

Für die Programmplanung sind für jede zu schaffende Lerneinheit, sei es nun ein ganzes Seminar oder seien es einzelne Lernsequenzen,

Lernziele zur Information aller Beteiligten zu formulieren. Grundsätzlich gelten für Lernziele dieselben Anforderungen und Kriterien wie bei der Formulierung von Leistungszielen für das Führen durch Zielvereinbarungen (= Management by Objectives, oder kurz: MBO).

Sie müssen:

a) den zu erreichenden Endzustand genau beschreiben
b) für alle Beteiligten verständlich formuliert
c) realistischerweise erreichbar
d) kontrollier- bzw. überprüfbar sein
e) die wichtigen Bedingungen zur Erfüllung nennen und
f) praxisnah sein

Lernziele müssen im speziellen auf folgende Fragen Antwort geben:

- Was muß der Lernende wann und wo, d. h. in welcher Situation wissen und verstehen, wie soll er sich verhalten können?
- Wie, unter welchen Umständen und Bedingungen, mit welchen Hilfsmitteln muß er es können?
- Wie, mit welchen Maßstäben soll die Lernleistung gemessen werden?

Bei den Lernzielen unterscheidet man zudem drei Stufen der Lerntiefe, die erreicht werden sollen (Abb. 24):

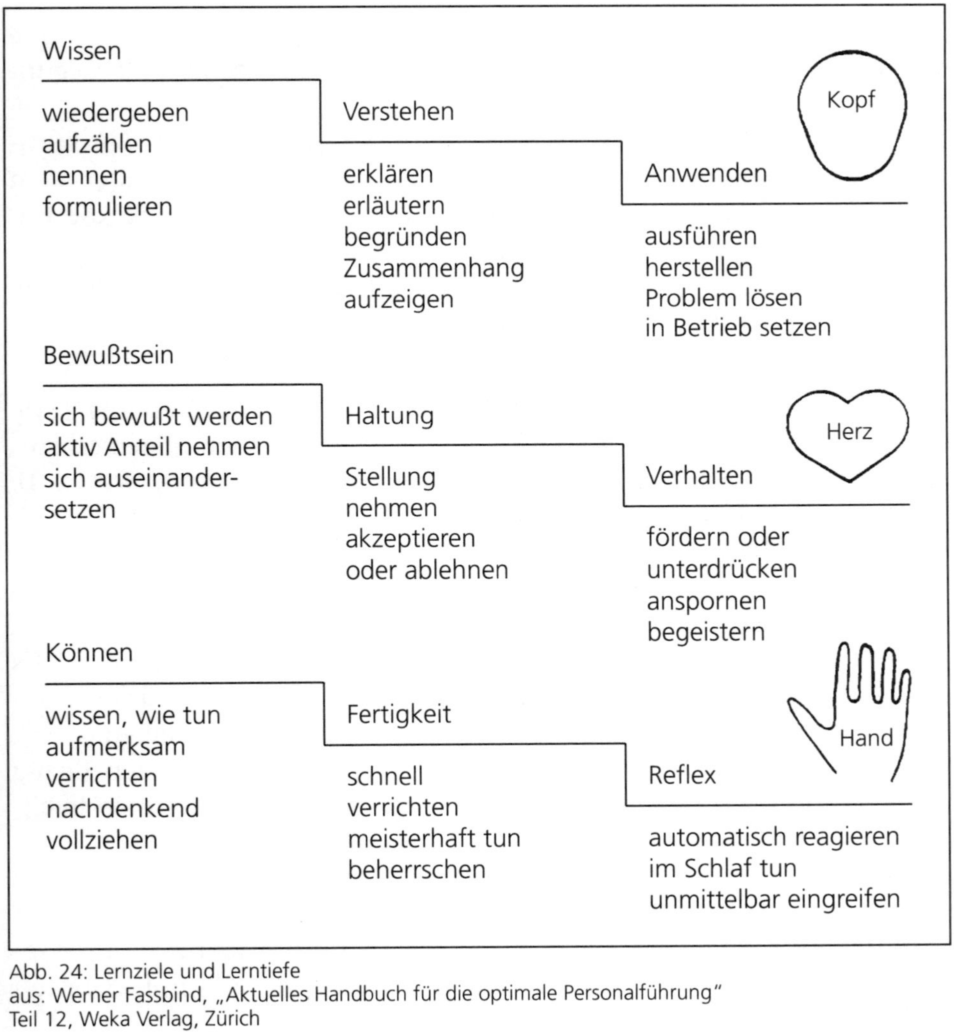

Abb. 24: Lernziele und Lerntiefe
aus: Werner Fassbind, „Aktuelles Handbuch für die optimale Personalführung"
Teil 12, Weka Verlag, Zürich

4.3.3. Seminardesign-Erstellung (Stoffauswahl, Stoffgliederung)

Wenn die Lernziele in der Programmplanung formuliert sind, ist eine genaue Stoffauswahl mit methodischen und didaktischen Überlegungen vorzunehmen.
Der Stoff oder Lerninhalt ist das Vehikel zum Erreichen der Lernziele, des angestrebten Endzustandes. Ziele haben gegenüber dem Stoff immer Priorität. Das Erreichen der Ziele ist der Zweck, die Beschäftigung mit den Inhalten dagegen Mittel zum Zweck. Die Überprüfung möglicher Lerninhalte auf ihre Eignung wird als didaktische Analyse bezeichnet. Mit der folgenden Checkliste von Auswahlkriterien lassen sich die besonders geeigneten Inhalte herausfinden:

- Die Lerninhalte müssen exemplarisch, typisch, repräsentativ sein. Sie sollen also so beschaffen sein, daß man an ihnen allgemeingültige Sinn- oder Sachzusammenhänge erkennen kann, wie z. B. Prinzipien, Gesetzmäßigkeiten, Methoden.
- Die Lerninhalte müssen im späteren Training möglichst wiederverwendbar sein. So müssen sie nicht wieder neu aufgearbeitet werden, was das Lernen ökonomischer macht.
- Die Lerninhalte müssen zielgerichtet behandelt werden können. Es sollen jene Aspekte der Lerninhalte herausgearbeitet werden können, die einen besonders engen Bezug zum Lernziel haben.
- Die Lerninhalte müssen berufsbezogen sein. Sie sollen einen Bezug zur beruflichen Tätigkeit der Teilnehmer erlauben, damit sie leichter in ihre Praxis übertragen werden können.
- Die Lerninhalte müssen mit früheren Lerninhalten verknüpfbar sein. Neu behandelte Stoffe können dann leicht wieder aus dem Gedächtnis abgerufen werden, wenn sie mit bisherigen, im Gedächtnis fest verankerten Inhalten assoziativ verknüpft worden sind.
- Bei den Lerninhalten ist auf die transferunterstützenden Aktivitäten zu achten.

4.3.4. Methoden- und Hilfsmittelauswahl

Zu entscheiden, welche Methode in welcher Phase des Lernprozesses innerhalb einer Lerneinheit angewendet werden soll, ist nicht immer leicht, da verschiedene Faktoren eine Entscheidung beeinflussen:

- Lerntiefe
  Wie weit gehen die formulierten Lernziele in die Tiefe (Kopf, Herz, Hand)?
- Stoffart/Stoffmenge
  Welche Art von Stoff- und -menge wird gewählt?
- Mittel und Methodenwahl
  Welche Mittel (Finanzen, Infrastruktur, Geräte, Unterlagen) stehen zur Verfügung?
- Anzahl Teilnehmer
  Wie groß ist die Teilnehmerzahl?
  Welche Teilnehmergruppe (Wissens- und Könnensstand)?
- Befähigung des Seminarleiters
  Welche methodischen und didaktischen Fähigkeiten besitzt der Trainer?
- Seminar- und Gruppenklima
  Wie ist die Verfassung des einzelnen und der Gruppe?
- Organisationsklima
  Wie wird Lernen in der Organisation ermöglicht?

Bei der Seminardesign-Erstellung ist bei den einzelnen Lernphasen

a) Motivierungsphase
b) Informationsphase
c) Verarbeitungsphase
d) Trainingsphase
e) Kontroll- und Transferphase

genau zu überlegen, mit welcher Methode welches Lernziel erreicht werden soll.

Welche Lernmethoden können eingesetzt werden?

- Referat, Lehrvortrag
- Plenumsdiskussion
- Einzelarbeit
- CBT (Computer Based Training)
- Strukturierte Partnerübungen
- Vier-Augen-Training
- Superlearning (Suggestopädie)
- NLP (Neuro-linguistische Programmierung)
- Projektmanagement
- Programmierter Unterricht
- Übung
- Lehrgespräch
- Gruppenarbeit
- Selbsterarbeitung
- Interaktive Lernsysteme (Personalcomputer in Verbindung mit Bildplatte)
- Fallmethode
- Rollenspiel
- Trainingsgruppen
- Integrierte Übungsanlagen
- Training on the job
- Interaktionstraining
- Video-Training
- Workshops
- Unternehmensplanspiele
- Mind Mapping
- Moderationsmethode
- Entscheidungsfindungsmethoden
- Infomarkt

4.3.5. Durchführung einer Pilotveranstaltung

Nach der Entwicklung des Seminardesigns (Lernziele, methodische, didaktische Ablaufplanung) empfiehlt es sich, ein erstes Pilotseminar mit ausgewählten, kritischen Mitarbeitern durchzuführen.

Bei dem Pilotseminar sollen die methodischen und didaktischen Instrumente auf die Lernzielformulierung hin überprüft werden, um die tatsächliche Erfüllung der Bildungsbedarfserhebung (Bedürfnis oder Problem) zu gewährleisten.
Zur Durchführung einer Pilotveranstaltung soll die angeführte Checkliste eine Hilfestellung der »Dramaturgie und des Ablaufes« des Seminares sein:

Seminareinstieg

- Begrüßung
- Teilnehmer ankommen lassen
- einander kennenlernen
- Vorstellungsrunde, sofern die Teilnehmer untereinander nicht bekannt sind
- Bedürfnisse gegenseitig klären
- Erwartungen/Befürchtungen abarbeiten
- Problemstellung erörtern, Problembewußstein bilden
- Ziele vereinbaren, Programm vorschlagen
- Seminarvorbereitung (sofern geplant war) zusammenfassen
- Transfervertrag besprechen
- Teilnehmer bei ihren Erfahrungen abholen
- Teilnehmer neugierig machen, Interesse wecken
- Lernbereitschaft wecken
- Einstiegsmotivation durchführen

Seminararbeit

- Impulse vermitteln
- Teilnehmer erleben und erfahren lassen
- Situationen schaffen zu Erfolg und Mißerfolg
- Aha-Erlebnisse und Einsichten vermitteln
- Gelegenheit geben zum Verarbeiten und Vertiefen
- Denkpausen einlegen
- geschickte Handhabung der Methoden, damit Seminar interessant bleibt

- Zusammenarbeit der Lerngruppe thematisieren
- Lernklima besprechen
- Wohlbefinden der Teilnehmer in der Gruppe abklären
- körperliche Auflockerungsübungen planen
- Transfervertrag am Ende des Seminartages mit der Lern-Fortschrittskontrolle bearbeiten
- Lernerfolge festhalten lassen
- Blitzlicht oder Stimmungsbarometer einsetzen

Seminarausstieg

- Bearbeitung des Transfervertrages (Umsetzungsmaßnahmenplan)
- Unverdautes verdauen, Unklares klären
- Rückschau halten
- Erkenntnisse sammeln und gewichten
- Schlüsse ziehen
- Seminarauswertung
- Seminarbeurteilung durchführen (Seminar, Trainer, Hotel)
- Aktionen zur Umsetzung in die Praxis planen
- Vereinbarungen zur Absicherung der Umsetzung treffen
- Rückkehr an den Arbeitsplatz vorbereiten

Nach erfolgter Durchführung der Pilotveranstaltung ist auf jeden Fall eine Korrektur des Seminardesigns notwendig. Die neuen Veränderungen sind in das Konzept einzuplanen und noch mit einem zusätzlichen Pilotseminar abzusichern.
Das zusammenfassende Ablaufdiagramm zeigt nochmals den genauen Programmablauf (Abb. 25):

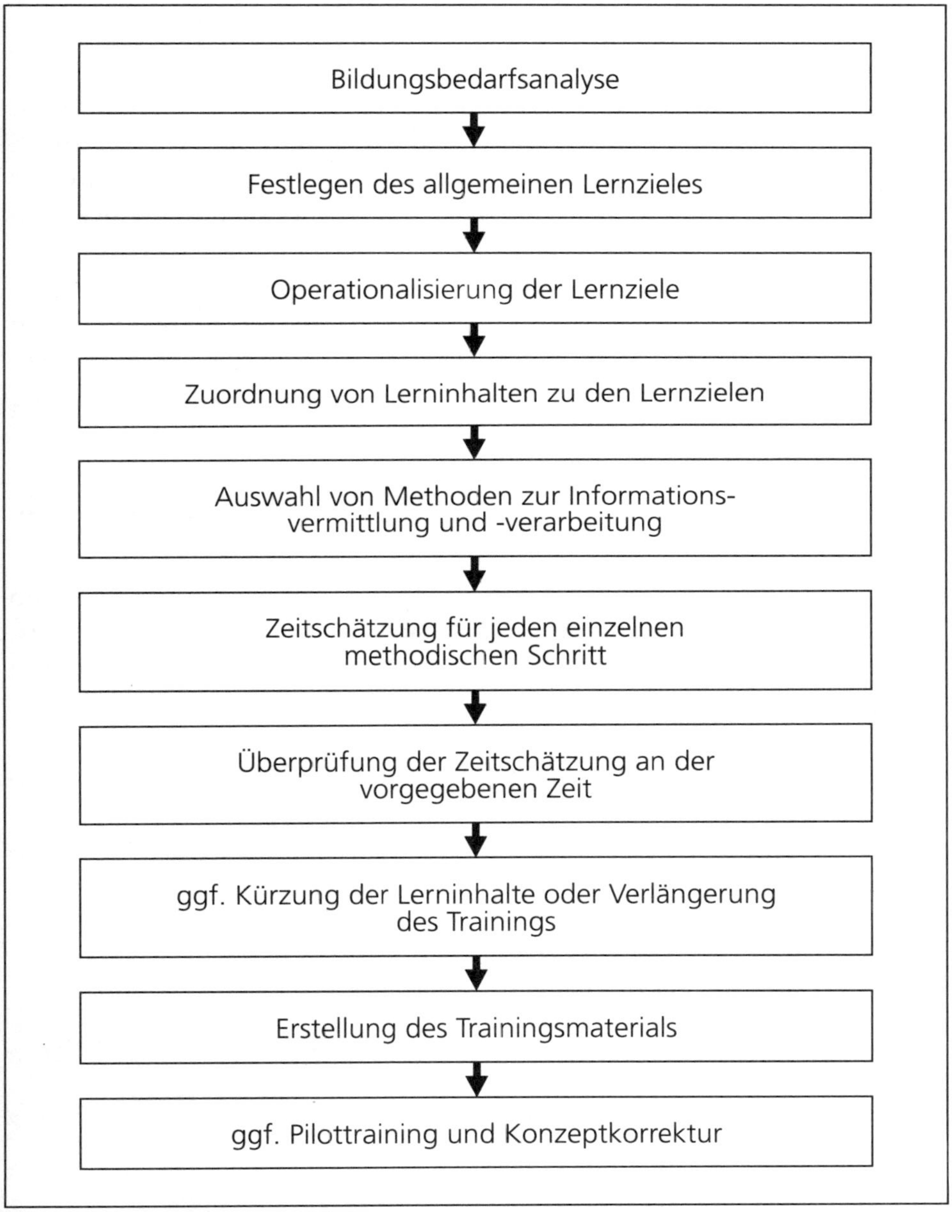

Abb. 25: Ablauf Programmplanung
aus: Werner Fassbind, „Aktuelles Handbuch für die optimale Personalführung"
Teil 12, Weka Verlag, Zürich

4.3.6. Einsatz von Lernkontrollen und Evaluation

Die Lernkontrolle und Evaluation wird ein immer wichtiger werdender Bestandteil der betrieblichen Bildungsarbeit, da die Bildungs- und Personalentwicklungsbudgets meist steigen und der Nutzen eines manchmal oft fälschlicherweise als »Urlaubsveranstaltung« bezeichneten Seminares in Frage gestellt wird.

Externe Seminaranbieter haben immer mehr mit den Schwierigkeiten der praxisorientierten Wissenvermittlung zu kämpfen und können eine Lernkontrolle kaum durchführen, außer sie sind in Form einer Projektarbeit auch in den Transferprozeß miteinbezogen.

Welche Probleme treten bei der Erfolgskontrolle in der Weiterbildungsarbeit auf?

- ungenaue, d. h. nicht operational formulierte Lernziele erschweren eine Kontrolle im Lern- und Arbeitsfeld
- wenn der Trainingserfolg als Vermeidung von Mißständen und Fehlentscheidungen gesehen wird, ergeben sich besondere Zuordnungsprobleme
- eine eindeutige Zuordnung von Trainingsmaßnahmen und Trainingserfolg ist methodisch wie prinzipiell problematisch
- Trainingserfolg wird mit unterschiedlichen Beurteilungskriterien gemessen
- Seminardesign entspricht nicht dem tatsächlichen Bedarf (z. B. Fallbeispiele sind nicht praxisorientiert)
- Trainerverhalten nicht praxisorientiert

Welche Möglichkeiten, Methoden und Instrumente gibt es zur Durchführung von Lernkontrollen und zur Evaluation?

Vor dem Seminar:

- Überprüfung der Teilnehmervoraussetzung zum Seminar
- Wie weit ist das Wissen, Können und Verhalten der Teilnehmer? Wo stehen die Teilnehmer?

- Überprüfung der Vorbereitungsarbeiten
- Bearbeitung der Erwartungen und offenen Fragen zum Seminar
- Zusammenstellung einer gleich starken Seminargruppe
- Kontrollgespräch mit Vorgesetzten und/oder Personalentwicklungsbeauftragten
- Einsatz des Transfervertrages

Während des Seminars:

- laufende Überprüfung, ob Seminarziele den Erwartungen entsprechen
- Transfervertrag – Lernfortschrittskontrolle durchführen
- Erfahrungsaustausch in der Seminargruppe verwirklichen
- initiative Einzelgespräche mit verschiedenen Seminarteilnehmern planen
- zum aktuellen Thema versuchen, ein interessantes, über das Seminar hinausgehendes Lern- und Arbeitsnetzwerk aufzubauen
- Kontrolle des Seminarfortschritts und Trainerverhaltens
- Blitzlicht einsetzen (jeder Teilnehmer faßt die Seminarsequenz aus seinem neuen Verständnis heraus zusammen)

Am Seminarschluß:

- Evaluierung des Transfervertrages
- Bearbeitung der offenen Kontrollfragen
- Erstellung Umsetzungsplan
- Abgleich Erwartung – Lernerfolg – Kontrolle

Nach dem Seminar:

- Transfer des Gelernten
- Einsatz folgender Kontrollinstrumente:
  - Seminarbericht
  - Transferpartner (Teilnehmer aus Seminar oder Vorgesetzter oder PE'ler)
  - mündliche Befragung oder Interview
  - Fragebogen nach ca. drei bis sechs Monaten
  - Kontrollübungen

- Erfahrungsaustausch-Runden direkt am Arbeitsplatz
- Beobachtung
- Vergleich von Kennzahlen (z. B. Ausschußquoten, Umsatzsteigerungen, Fluktuationsraten usw.)

Die Lernkontrollen können in Form von verschiedenen Feedbacks erfolgen, welche mit folgendem Schaubild zusammengefaßt sind (Abb. 26):

Evaluierung durch / für	Teilnehmer	Vorgesetzter	Trainer	Trainings-manager
Teilnehmer	• Beschreibung der Lernerfahrungen • Beobachtung	• Mitarbeiter-beurteilung	• Feedback aufgrung Trainer-Schüler-Beziehungen	• Eröffnung von Trainingsver-anstaltungen • „Abschlußessen"
Vorgesetzter	• Berichterstattung über persönliche Eindrücke	• Erfahrungsaus-tausch • Vorbereitung von Entscheidungs-unterlagen	• Rechenschafts-bericht	• Beurteilung der Trainings-aktivitäten
Trainer	• Feedback aufgrund Schüler-Trainer-Beziehung	• Trainerbeurteilung	• Erfahrungsaus-tausch, z. B. Ausbilder-konferenzen	• Bestimmung von Trainingszielen und Soll-Standards
Trainings-manager	• Berichterstattung über persönliche Eindrücke (evtl. über Vorgesetzte)	• Hinweis auf Erfolg oder Fehlschlag • Empfehlungen	• Vorschläge für Nachbereitung (evtl. über Vorgesetzte)	• Beurteilung der Trainingsziele und -mittel • langfristige Trainingspolitik

Abb. 26: Möglichkeiten der Lernkontrolle durch Feedback
aus: Werner Fassbind, „Aktuelles Handbuch für die optimale Personalführung"
Teil 12, Weka Verlag, Zürich

Die folgenden Fragebögen geben eine Lernkontrollmöglichkeit in Form der Beurteilung

a) des Seminares
b) des Trainers
c) des Hotels
d) des Workshops

Seminar-Beurteilungsbogen

Seminar: ______________________________

Ort: ______________ Name: ______________

Wie zufrieden waren Sie mit:	sehr unzufrieden						sehr zufrieden
• dem gesamten Verlauf des Seminares	1	2	3	4	5	6	7
• der Lernzielerreichung	1	2	3	4	5	6	7
• der inhaltlichen Aufteilung	1	2	3	4	5	6	7
• der gesamten Organisation während des Seminares	1	2	3	4	5	6	7
• den eingesetzten Methoden (Gruppenarbeit, Fallbeispiele, Video usw.)	1	2	3	4	5	6	7
• dem Praxisbezug des Seminares	1	2	3	4	5	6	7
• der Verständlichkeit	1	2	3	4	5	6	7
• dem Feedback für die Praxis	1	2	3	4	5	6	7
• dem Schwierigkeitsgrad des Seminares	1	2	3	4	5	6	7
• den erhaltenen Anregungen	1	2	3	4	5	6	7
• Ihrer persönlichen Einbringungsmöglichkeit in das Seminar	1	2	3	4	5	6	7
• den anderen Seminarteilnehmern	1	2	3	4	5	6	7

• der zeitlichen Einteilung	1	2	3	4	5	6	7
• den praktischen Beispielen	1	2	3	4	5	6	7
• der zielgruppenbezogenen Aufbereitung der Inhalte	1	2	3	4	5	6	7

Von welchen Themen haben Sie am meisten profitiert?

Was hat Sie am Seminarablauf gestört?

Was würden Sie anders machen?

Was möchten Sie noch dazulernen?

Welche Informationen wünschen Sie sich noch zusätzlich?

Wer sollte dieses Seminar noch besuchen?

Wie gut kann man die gewonnenen Kenntnisse in die Praxis umsetzen?

Was sind Ihrer Meinung nach die größten Widerstände/Probleme bei der praktischen Umsetzung des Seminarinhaltes?

Trainer-Beurteilungsbogen

Name des Trainers/der Trainerin: ______________________

Wie zufrieden waren Sie mit:	sehr unzufrieden						sehr zufrieden
• dem Auftreten des Trainers (der Trainerin)	1	2	3	4	5	6	7

• seinen (ihren) eingesetzten didaktischen und methodischen Fähigkeiten	1 2 3 4 5 6 7
• den erhaltenen Seminarunterlagen	1 2 3 4 5 6 7
• der Visualisierung der Lerninhalte (Overhead, Flipchart usw.)	1 2 3 4 5 6 7
• dem Eingehen auf die Gruppe	1 2 3 4 5 6 7
• der Sprechweise	1 2 3 4 5 6 7
• den Lernfortschrittskontrollen	1 2 3 4 5 6 7
• der Diskussionsleitung	1 2 3 4 5 6 7
• der Führung des Seminares	1 2 3 4 5 6 7
• der kooperativen Art	1 2 3 4 5 6 7
• der Kontaktfreudigkeit	1 2 3 4 5 6 7
• der Fachkompetenz	1 2 3 4 5 6 7

Empfehlungen an den Trainer (die Trainerin):

Was hat Sie besonders gestört?

Was sollte er/sie anders machen?

Was hat Ihnen besonders an ihm/ihr gefallen?

BEURTEILUNG DES HOTELS

Seminar: ....

Termin: ....

Hotel: ....

	gut	befriedigend	nicht befriedigend
Verkehrsmäßige Lage	☐	☐	☐
Zimmer	☐	☐	☐
Veranstaltungsraum/Gruppenarbeitsräume (Größe, Einrichtung, Beleuchtung, Belüftung, Akustik, Geräuschisolierung etc.)	☐	☐	☐
Restaurant/Aufenthaltsräume	☐	☐	☐
Service	☐	☐	☐
Verpflegung – Menge	☐	☐	☐
Verpflegung – Qualität/Geschmack	☐	☐	☐
Möglichkeiten der Freizeitgestaltung	☐	☐	☐

Warum nicht befriedigend?

(mit freundlicher Genehmigung der Volksbanken-Akademie)

Feedback-Bogen Workshop

Workshop: ______________________________

Name: ______________________________

Wie zufrieden waren Sie mit:	sehr unzufrieden						sehr zufrieden
• dem gesamten Verlauf	1	2	3	4	5	6	7
• der Aufbereitung der Problemfelder	1	2	3	4	5	6	7
• dem erreichten Ergebnis	1	2	3	4	5	6	7
• den praxisbezogenen erarbeiteten Maßnahmen und Aktivitäten	1	2	3	4	5	6	7
• den eingesetzten Methoden	1	2	3	4	5	6	7
• den eingesetzten Medien (Pinwand, Overhead, Flipchart usw.)	1	2	3	4	5	6	7
• der zeitlichen Einteilung	1	2	3	4	5	6	7

Anregungen:

Moderator:

Wie zufrieden waren Sie mit:	sehr unzufrieden						sehr zufrieden
• der Führung durch den Workshop	1	2	3	4	5	6	7
• der Methodenkenntnis	1	2	3	4	5	6	7
• dem Medieneinsatz	1	2	3	4	5	6	7
• der zielorientierten Vorgehensweise	1	2	3	4	5	6	7
• der Diskussionsleitung	1	2	3	4	5	6	7
• dem gesamten Auftreten	1	2	3	4	5	6	7
• der Teamaktivierung	1	2	3	4	5	6	7
• der praxisbezogenen Vorgehensweise	1	2	3	4	5	6	7

Verbesserungsvorschläge:

____

____

____

____

4.3.7. Transfersicherung

Die Übertragung der Seminarerkenntnisse in das Arbeitsfeld wird als Transfer bezeichnet. Dabei kommt es immer wieder zu Schwierigkeiten, da meist Widerstände beim Übergang vom Lern- zum Funktionsfeld vorhanden sind.

Um welche Widerstände kann es sich dabei handeln?

- keine Zeit für ein ausführliches Nachbereitungsgespräch mit dem Vorgesetzten
- Bildungsbedarf war anders gelagert als Wissensvermittlung am Seminar
- Anpassungsprobleme zwischen Theorie und Praxis
- Verhaltensänderungen sind in der Praxis nur sehr schwer möglich
- kopiertes Trainerverhalten bringt negative Erfahrung (Verhalten nicht ident mit Person)
- wirtschaftliche, organisatorische und technische Voraussetzungen fehlen
- Verhalten des Vorgesetzten im allgemeinen
- Erfahrungen, Traditionen, Vorurteile und eingefahrene Gewohnheiten
- Rückstand der täglich anfallenden Arbeit
- Terminzwänge

Aufgrund dieser Widerstände ist es notwendig, Strategien und Maßnahmen zur Transfersicherung zu planen, und zwar:

Vorbereitungsphase (vor dem Seminar):

- Teilnehmer und dessen Vorgesetzte möglichst in die Problemanalyse und Bedürfniserhebung, Lernzielabsicherung, Seminardesign-Erstellung einbeziehen.
- Vorgesetzte und Teilnehmer fällen gemeinsam im Fördergespräch den Entscheid über den Seminarbesuch. Sie formulieren die daran geknüpften Erwartungen.

- Der Seminarleiter benutzt die Bedarfsanalyse zur Entwicklung einer entsprechenden Seminarvorbereitungs- und/oder Einstiegsinformationsunterlage.

Durchführungsphase (während des Seminares):

- Teilnehmer für Praxisbezug und laufende Transferplanung im Seminar mitverantworten lassen!
- Das Seminar ist so zu gestalten, daß sich der Teilnehmer nach jeder Lerneinheit gründlich mit der Frage beschäftigen kann, was das Gelernte für ihn an seinem Arbeitsplatz bedeuten wird.
- Übungen sind so anzulegen, daß sie im Seminar nur vorläufig abgeschlossen sind und einige Wochen in die folgende Praxis hineinreichen.
- Der Transfer ist noch im Seminar ausdrücklich mit dem Instrument des Transfervertrages zu planen.
- Das Transferverhalten ist möglichst schon im Seminar über Rollenspiel einzuüben (z. B. Gespräch mit Vorgesetzten).
- Der Transfer ist noch im Seminar vertraglich über Vereinbarungen gegenüber der Gruppe oder dem Lernpartner oder gegenüber einem eigens dazu einbezogenen höheren Vorgesetzten abzusichern.

Nachbereitungsphase (nach dem Seminar):

- Teilnehmer und Vorgesetzter verpflichten sich gegenseitig zur Transfersicherung, Seminarleiter leistet Nachbetreuung!
- Im Nachbereitungsgespräch zwischen Teilnehmer und Vorgesetztem wird die Umsetzungplanung gemeinsam definiert und vereinbart.
- Der Teilnehmer berichtet in der Arbeitsgruppe über das Seminar und regt zur gemeinsamen Überlegung der Konsequenzen an.
- Der Seminarleiter korrespondiert mit den Teilnehmern über die vereinbarten Umsetzungserfolge (ca. 6 Monate nach Seminar).
- Der Teilnehmer pflegt die im Seminar angeregte Lernpartnerschaft weiter.
- In einem nachfolgenden Transfer-Seminar können die bei der Einführung aufgetretenen Widerstände thematisiert werden.

4.3.8. Spannungssituation des Lernens – Arbeitsfeld zu Lernfeld

Bei der Bildungsarbeit kommt es immer wieder vor, daß Seminarteilnehmer sagen: »Ja, das ist alles schön und gut, aber in meinem Arbeitsbereich läßt sich das nicht umsetzen!«

Aus diesem Gedanken ergibt sich die Spannungssituation zwischen Arbeitsfeld und Lernfeld (Abb. 27):

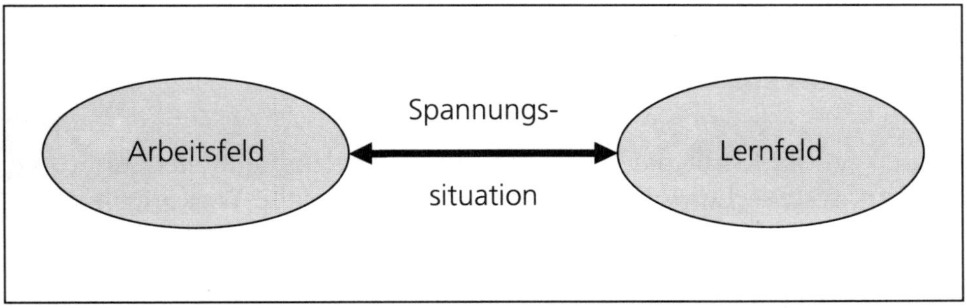

Abb. 27: Spannungssituation Arbeitsfeld – Lernfeld

Das Spannungsfeld kann wesentlich verkleinert werden, wenn man die einzelnen Bildungsteilnehmer frühzeitig in den Bildungsprozeß miteinbezieht.
Bei durchgeführten Bildungsveranstaltungen empfiehlt sich, des öfteren folgende Maßnahmen und Aktivitäten zu planen, um die Spannungssituation zu minimieren:

- Planung von »Follow-up-Seminaren« (Erfahrungsaustausch über die Umsetzung)
- Fragebogen ca. 6 Monate nach der Bildungsveranstaltung mit folgenden Inhalten:
  Seminar: Datum: Name:
  Welche Inhalte konnten Sie von Ihrem o. a. besuchten Seminar bereits realisieren?
  Wo sind Probleme bei der Umsetzung entstanden?
  Was können Sie überhaupt nicht anwenden?

Wenn Sie das Seminar jetzt, nachdem Sie bereits Praxis gesammelt haben, noch einmal besuchen könnten, welche Änderungswünsche am Seminardesign würden Sie haben?
Wie war das Transfergespräch mit Ihrem Vorgesetzten?
Wie intensiv hat Sie der Vorgesetzte bei der Umsetzung unterstützt?

- Gespräch des Vorgesetzten mit Teilnehmern aus gleichen Bildungsveranstaltungen
- Analyse der Umsetzungsprobleme durch Projektteam

4.4. Individuelle Lernkurve

Lernen ist stark mit der Zeit verbunden. Die individuelle Lernkurve zeigt an, welche Lernphasen in welcher Zeit welche Wirkungen erzielen (Abb. 28):

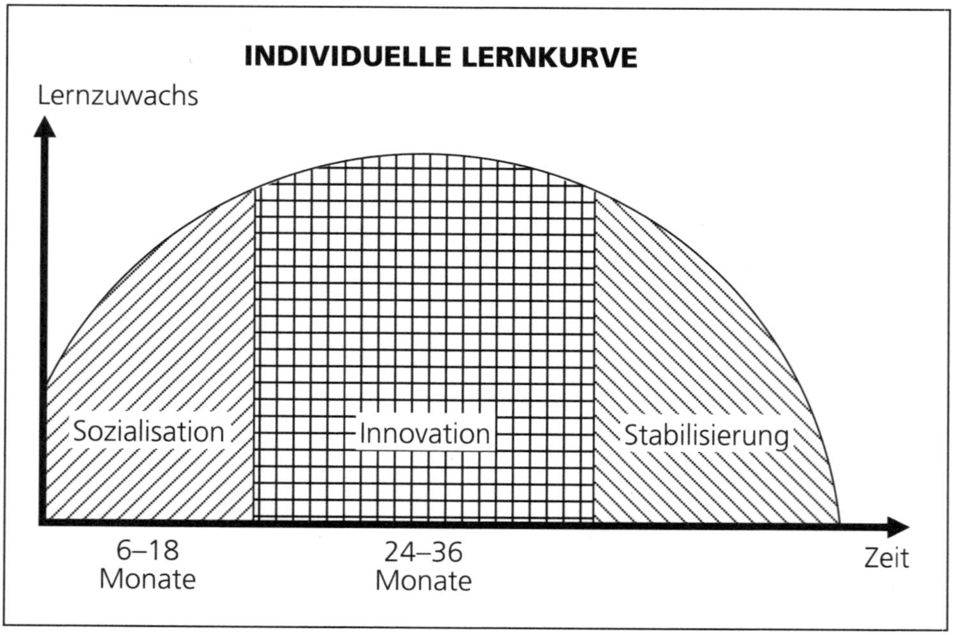

Abb. 28: Individuelle Lernkurve

Wie lange Sie schon den gleichen Job machen, hängt davon ab, ob es immer dieselben Arbeitsabläufe sind oder ob Sie unterschiedliche Projekte zusätzlich erledigen.

Was sagen die einzelnen Phasen im Detail aus:

Phase der Sozialisation

- Übernehmen neuer Aufgaben/Tätigkeiten
- Ziele des Mitarbeiters/der Führungskraft
  - Erwartungen des Umfeldes verstehen
  - soziale Beziehungen aufbauen
  - Klärung der eigenen Rolle

Phase der Innovation

- Positionsinhaber drückt seinen persönlichen Stempel auf die neuen Tätigkeiten
- eigentliche Änderungen werden eingeführt
- Nutzung der Erkenntnisse für Kreativprozesse
- Abschätzung von Verbesserungen besser möglich
- Wirkungsmöglichkeiten sind eher abzuklären

Phase der Stabilisierung

- Routinisierung der Aufgabenbewältigung
- Aufrechterhaltung der eingerichteten Arbeitsabläufe
- Schutz der eingerichteten Autonomie
- Pflege des sozialen Umfeldes
- Vermeidung von »Angriffsflächen«

Zu hohe Verweildauer in einem Job führt hinsichtlich der Problemlösung zu:

- Abnahme der Lernfähigkeit
- Unbeweglichkeit
- Verpflichtung zur Einhaltung bestehender Vorgehensweisen

- Verfolgung der eigenen Problemlösungsstrategien hinsichtlich der Informationsprozesse
- einem zunehmenden Sich-Isolieren und Sperren von externen Informationen
- einer zunehmenden Kommunikation mit eher gleichartig Denkenden
- einer Zunahme an selektiver Wahrnehmung hinsichtlich der Lernprozesse
- einem zunehmenden Sich-Abstützen auf die eigene Erfahrung
- einer zunehmenden Verengung der Fähigkeiten
- kein natürliches Lernen mehr in der Organisation

Die individuelle Lernkurve ist zusammenfassend eine gute Hilfe, um im Rahmen der Personalentwicklungsarbeit die Instrumentarien wie Job rotation, Job enrichment, Trainee-Programme, Aus- und Weiterbildungsprogramme wirksam einzusetzen. Ein Unternehmen ist nur dann auf Dauer innovativ, wenn auch die Mitarbeiter sich ständig in der »Innovativen Lernphase« aufhalten und mit ständig neuen Herausforderungen konfrontiert werden.

4.5. Auswahl externer Bildungsveranstalter

Bei der Durchführung von betriebsinternen Seminaren ist oft die Auswahl von externen Referenten und Weiterbildungsinstituten notwendig.

Der Fragebogen gibt einen diesbezüglich Kontrollüberblick:

__________ Ist der Veranstalter der Weiterbildungsmaßnahme bekannt?

__________ Ist das Leistungsprogramm des Trainers bekannt?

__________ Wurde ein Pilotseminar bereits getestet?

__________ Hat er Erfahrung mit Veranstaltungen auf dem in Frage stehenden Fachgebiet?

Werden Referenzen angeboten?

Ist der Referent (Trainer) bekannt?

Wurde die gleiche Veranstaltung schon früher durchgeführt?

Wurde sie von Mitarbeitern aus dem Unternehmen besucht?

Wurden diese nach ihren Erfahrungen befragt?

Sind Erfahrungen Dritter (z. B. Arbeitgeberverband) mit dem Veranstalter oder der in Frage stehenden Veranstaltung zugänglich?

Sind die Ziele der Fortbildungsmaßnahme so genau definiert, daß eine spätere Erfolgskontrolle möglich ist?

Sind die Seminarinhalte genau beschrieben?

Steht die vorgesehene Dauer der Veranstaltung in einem plausiblen Verhältnis zum Stoff, der vermittelt werden soll?

Sind die vorgesehenen Methoden (Referat, Diskussion, Lehrgespräche, Gruppenarbeit, Rollenspiel usw.) angegeben?

Sind die Methoden dem Seminarinhalt und den Zielen angemessen?

Ist die Teilnahme an bestimmte Voraussetzungen (vorhandenes Wissen, Erfahrungen, Funktion im Unternehmen usw.) gebunden?

Ist die Teilnehmerzahl begrenzt?

Steht die vorgesehene Teilnehmerzahl in einem vernünftigen Verhältnis zu Seminarinhalten und -methoden?

Erhalten die Teilnehmer vor dem Seminar einführende schriftliche Unterlagen?

Ist der Einsatz moderner Unterrichtstechnologie (z. B. Video) vorgesehen?

Ermöglicht der vorgesehene Veranstaltungsort (Hotel, Bildungsstätte usw.)

- einen reibungslosen und ungestörten Verlauf der Veranstaltung?

- Gedanken- und Erfahrungsaustausch zwischen Teilnehmern und Dozenten?

- Entspannung und Wohlbefinden der Teilnehmer zwischen den Seminar-»Blöcken«?

Sind die Referenten (Trainer) zu persönlichen Gesprächen und zu Kritikgesprächen über das Seminar bereit?

Werden Arbeitsunterlagen angeboten, die der Umsetzung des erlernten Stoffes in die Praxis dienen können?

Ist eine Kontrolle des Seminarerfolges vorgesehen?

Ist ein späterer Gedanken- und Erfahrungsaustausch zwischen den Beteiligten (Teilnehmer und Trainer) über die praktische Anwendung des Seminarstoffes vorgesehen?

Sind vertiefende Folgeveranstaltungen vorgesehen?

Anlehnung an: RKW-Handbuch, „Personalplanung", S. 322

Beim Studium der Seminarausschreibungen von externen Seminaranbietern ist zu beachten, daß die Lernziele und der strukturierte inhaltliche Aufbau Rücksicht nehmen auf die Lernbedürfnisse und Problemanalyse der Teilnehmer.

Ein weiterer Faktor für den Seminarerfolg ist die Qualität der Trainer oder Moderatoren.

4.6. Durchführung betriebsinterner Trainings on the job

Die Weiterbildung am Arbeitsplatz (on the job) wird immer stärker zur Realisierung der spezifischen Unternehmensstrategie herangezogen.

Bei den internen Seminaren (TOJs) können viele Chancen der Aus- und Weiterbildung genützt werden.

Die Chancen von Training on the job:

- rasche Weiterbildung einer großen Mitarbeiteranzahl
- Bedarfsorientierung ist in hohem Ausmaß gewährleistet
- keine Labortrainings, sondern Training findet am Arbeitsplatz statt
- Stärkung des Wir-Gefühls, da gleiche Problemsicht
- Stärkung des Mitarbeiteransehens untereinander
- Kommunikation wird gefördert
- bessere Verständigung untereinander
- Schneeball-Effekt
- Wertschätzung der hausinternen Trainer
- besserer firmeninterner Informationsfluß
- Fallbeispiele sind direkt der Praxis entnommen
- Trainingssituation kann 1:1 auf Arbeitssituation übertragen werden
- geringerer Aufwand
- hohe Transferorientierung möglich
- kein Einfluß einer fremden Kultur (z. B. jeder externe Trainer hat andere Kultur)

Die Gefahren von Training on the job:

- wenn keine eigenen ausgebildeten Trainer vorhanden sind
- Umsetzung der Lernziele nicht möglich
- Negativerlebnisse im Seminar können sich rasch auf das Arbeitsfeld auswirken
- wenn immer die gleiche TOJ-Gruppe arbeitet, ist die Gefahr der Lern-Betriebsblindheit gegeben
- Überforderung der Teilnehmer durch zu häufige TOJs
- Trainer aus eigenen Reihen (Akzeptanzprobleme)
- ungenügende Vorbereitung des Trainers
- kein Personalentwicklungskonzept vorhanden
- keine Vergleiche von außen
- kein Einsatz von Medien und Methoden (mangelnde Trainerkompetenz)
- Zeitproblem (wann soll TOJ stattfinden?)

Welche Arten von TOJ gibt es, und wie gehen sie vor sich? (Beispiel aus dem Verkaufsbereich)

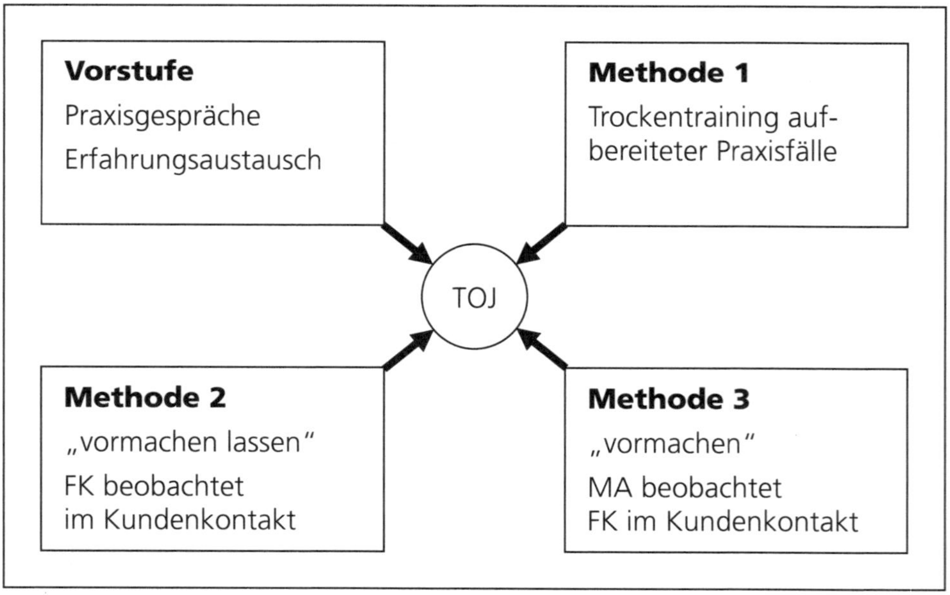

Abb. 29: Arten des TOJ

Praxisgespräche/Erfahrungsaustausch

Der Erfahrungsaustausch kann niemals die Simulation eines Beratungsgespräches ersetzen, da der Mitarbeiter nicht den Zwang spürt, den Gesprächsinhalt an Kundenreaktionen ausrichten zu müssen. Die Grundlage für den Erfahrungsaustausch bilden die von den Mitarbeitern erlebten Verkaufsgespräche. Damit der Mitarbeiter dabei viel lernen kann, soll er sich auf den Erfahrungsaustausch vorbereiten, indem er das Gespräch nach folgenden Punkten festhält:

- Was war die Ausgangssituation?
- Angaben über den Kunden
- eventuell Daten über die Geschäftsverbindung
- wichtige Reaktionen/Einwände des Kunden
- Gesprächsergebnis
- offene Fragen
- weiterführende Maßnahmen

Damit können wünschenswerte Gesprächsinhalte und mögliche Vorgehensweisen reflektiert werden.

Folgendes Vorgehen beim Erfahrungsaustausch ist möglich:

a) den Mitarbeiter die Ausgangslage schildern lassen

   – es dürfen nur Daten über die Geschäftsverbindung und den Kundenwunsch geschildert werden
   – die Mitarbeiter sollen in Stichworten mitschreiben
   – Probleme sollen festgehalten werden

b) gemeinsame Diskussion der Ansprache

   – die Gesprächsziele analysieren (welche Signale ergeben sich aus der Ausgangssituation?)
   – wie ist im Gespräch vorzugehen?
   – die erarbeitete Ansprachestrategie wird von allen Mitarbeitern notiert
   – der Mitarbeiter, der den Praxisfall eingebracht hat, darf seine Er-

fahrungen aus einer bestimmten Ansprachestrategie noch nicht bekanntgeben
- Maßnahmenkatalog zusammenfassen

c) möglicherweise Trockentraining

d) das Diskussionsergebnis wird mit der Vorgehensweise im Kundengespräch verglichen:

- welche Gesprächsziele wurden wie erreicht?
- welche Signale wurden nicht erkannt/angesprochen?
- was gehört aktiviert?
- wo liegen generell zusätzliche Chancen/Gefahren?

e) Zusammenfassung

- was war gut?
- was kann verbessert werden?
- wo gab es Probleme?

Training aufbereiteter Praxisfälle (Trockentraining)

Das Trockentraining hat für das Erlernen und Üben des Berater/Verkäufer-Verhaltens die größte Bedeutung.
Es kann auch in Kleingruppen durchgeführt werden und ist daher zeitsparend.
Außerdem ist es leichter, aus gespielten Fehlern zu lernen, als diese im tatsächlichen Kundenkontakt zu erkennen.
Bevor die Methode 2 des TOJ (»vormachen lassen«) durchgeführt wird, sollte ein Trockentraining durchgeführt werden.

Vorteile:

- keine Unterschiede in der Umgebung und in den Hilfsmitteln
- Fehler bleiben folgenlos, da nur Probesituation
- mehrere Lösungen können nacheinander geprüft und analysiert werden
- angstfreies Üben ist möglich

- Phantasie, Denkvermögen und Verhalten werden geübt
- Übung = Chance

Nachteile:

- meist nur außerhalb der Arbeitszeit möglich (Akzeptanzprobleme)
- ohne Lernbedarfserhebung nur wenig Akzeptanz bei den Teilnehmern
- ohne Vorbereitung und zielorientierte Abwicklung Gefahr des Überspielens
- mangelnde Aufmerksamkeit

Was ist beim Einsatz des TOJ zu beachten?

- in die Lernbedarfserhebung sind einerseits die Strategieziele des Unternehmens, aber auch die Stärken und Schwächen der zu trainierenden Mitarbeiter miteinzubeziehen (Bildungsbedarfsanalyse, Förder- und Beurteilungsergebnisse)
- vor dem Training sollte mit der Trainingsgruppe über ihren Lernbedarf ausführlich gesprochen werden
- Ausgangssituation und Zielsetzung des Trainings sind vorher abzustimmen (Lernzielformulierung – Seminardesign)
- da die Übungszeit außerhalb der Arbeitszeit liegen wird, sind mit allen Teilnehmern Lösungen zu suchen, die jeder akzeptiert
- damit ein hoher Praxisbezug erreicht wird, sollten selbst erlebte Praxisfälle verwendet werden
- der Praxisbezug wird vom Kunden bestimmt, daher sollten allzu fachmännische Einwände und Fragen unterbleiben
- jeder Mitarbeiter muß die Möglichkeit erhalten, den Berater zu spielen
- die Beobachtungsschwerpunkte sind vorher gemeinsam festzulegen
- die Gespräche sollten mit Video oder einem Recorder aufgenommen werden, um sie besser analysieren zu können
- die Führungskraft soll als Berater fungieren (nicht in allen Gesprächen) und »vormachen«
- mit dem Training müssen gleichzeitig Transfermaßnahmen geplant werden, da ohne Kontrollmaßnahmen und Hilfestellung die Wirkung schnell wieder nachläßt

Grundregeln für das Verhalten der Führungskraft/des Trainers beim TOJ:

- keine Nachbereitung ohne vorher vereinbarte Beurteilungskriterien
  - die Führungskraft soll nicht ohne abgestimmte Grundregeln eingreifen
  - diese Grundregeln sind gemeinsam zu erarbeiten, z. B. wie die Ansprachestrategie aussieht, nach welchen Punkten die Gesprächsführung beurteilt wird usw.

- den Übenden Selbstkritik vor Fremdkritik ausüben lassen
  - nur Selbsterkenntnis und Einsicht können Verhalten verändern
  - den Übenden zuerst um eine Eigenbeurteilung bitten
  - das Erkennen eigener Stärken und Schwächen hervorheben

- die positiven Verhaltensweisen zuerst erarbeiten
  - damit wird das Selbstwertgefühl stabilisiert
  - nachfolgende Kritik ist leichter zu verarbeiten
  - richtiges Verhalten ist zu verstärken
  - konkret loben/kritisieren

- auf verbesserungswürdige Verhaltensweisen hinführen (ohne Wertung)
  - die Möglichkeit zur Selbstkritik/eigenen Einsicht geben
  - Rechtfertigungen verhindern
  - bei wichtigen Phasen des Gespräches das Tonband abhören und Stellungnahmen erfordern

- Kritik mit Verbesserungsvorschlägen verbinden
  - Kritik allein ist keine Hilfestellung und verbessert ein Verhalten nicht
  - Beispiele gemeinsam bilden, wie etwas besser zu machen ist

- Meinung zur geäußerten Kritik bzw. Empfehlung erfragen
  - damit wird Akzeptanz und Transfer in die Praxis abgesichert
  - »Wie denken Sie darüber?«, »Könnten Sie sich vorstellen, das in der Praxis anzuwenden?«

Vorgehensweise beim Trockentraining

1. Mitarbeiter motivieren, Interesse wecken und ihre Zustimmung zum TOJ einholen:
   Den Mitarbeitern muß das Vorgehen beim TOJ erklärt, der Nutzen aufgezeigt und ihnen die Angst genommen werden.
   Ein Termin ist gemeinsam abzustimmen.
   Praxisfälle werden festgelegt und vorbereitet. Lernziele und Design vorher präsentiert.
2. Vorbereitung der Übungen (nach Erarbeitung der Ansprachestrategie):
   Die Mitarbeiter müssen wissen, worauf es ankommt, um den Übungserfolg abzusichern. Daher sind die Ausgangssituation und die Zielsetzung der Übung zu besprechen. Danach werden die Rollen und die Aufgaben verteilt. Die Mitarbeiter, die die Übung beobachten, müssen die Beobachtungsschwerpunkte kennen.
3. Durchführung der Übung:
   Die Übung sollte möglichst praxisnah gespielt werden, Verkaufshilfen sind zu verwenden usw.
   Das Übungsgespräch soll aufgezeichnet werden.
   Die Übung darf nicht unterbrochen werden.
4. Analyse der Übung:
   Einsicht in die Stärken und Verbesserungsmöglichkeiten gewinnen. Grundsätze des Feedbacks beachten.
5. Weitere Vorgehensweise abstimmen (Maßnahmenplan erstellen)

Die Führungskraft beobachtet den Mitarbeiter im Kundenkontakt (»vormachen lassen«)

Wenn ein Trockentraining gut durchgeführt wurde, sollte das TOJ im Kundenkontakt keine Probleme bereiten.
Bei der Beobachtung der Mitarbeiter im Kundenkontakt sind die tatsächlichen Stärken und Schwächen der Mitarbeiter zu erkennen.
Damit der Mitarbeiter nicht allzu gehemmt ist, kann die Beobachtung auch aus der Distanz erfolgen.
Die Führungskraft soll jedoch die Zustimmung des Mitarbeiters einholen.

Der Mitarbeiter beobachtet die Führungskraft im Kundenkontakt (»vormachen«)

Diese Methode erfordert von der Führungskraft die Bereitschaft, auch Fehler einzugestehen und Anregungen der Mitarbeiter konstruktiv aufzunehmen.
Das Vormachen schwieriger und wichtiger Situationen eignet sich vor allem, wenn Mitarbeiter noch wenig praktische Erfahrung oder Hemmungen vor bestimmten Kundenansprachen haben.
Der Kunde muß bei dieser Methode um seine Zustimmung gebeten werden. Ausgangssituation und Zielsetzung des Gesprächs sollen, wenn möglich, vorher abgestimmt werden.
Für alle Methoden gilt jedoch, daß vor allem durch die Nachbereitung der jeweiligen Situation gelernt wird.

Die Nachbereitung des TOJ

a) Selbstkritik durch den Übenden

- wie sieht er das Ergebnis und den Gesprächsverlauf?
- was war gut?
- was soll geändert werden?
- welche Alternativen gibt es?

Die Aussagen sind zu hinterfragen und Alternativen zu fordern.

b) Fremdkritik durch die Beobachter

- was war gut?
- was ist zu verändern?
- welche Alternativen gibt es?

c) Fremdkritik durch die Führungskraft

- was war gut?
- was ist zu verbessern?

Die Führungskraft bestätigt die bisherigen Aussagen und ergänzt sie. Die Aussagen sind zu begründen.
Die FK führt die Mitarbeiter auf weitere gute Phasen im Gespräch hin. Alternativvorschläge der FK werden zur Diskussion gestellt.
Wichtig: Positive Anschlußmotivation
Appell für zukünftiges, verbessertes Vorgehen

d) Zusammenfassung

- welche Erkenntnisse wurden aus der Übung gewonnen?

Diese Frage ist zuerst an die Übenden zu stellen. Die Führungskraft bestätigt oder ergänzt die Zusammenfassung. Es darf auch nicht vergessen werden, sich bei den Mitspielern für ihre Arbeit zu bedanken.

e) Vergleich mit der Praxis

- wo gibt es Abweichungen zur Praxis?
- welche Fragen sind offen geblieben?
- welche Aktivitäten müssen wir praxisbezogen angehen?
- welche Veränderungen hinsichtlich Verkaufsunterlagen sind anzustreben?
- wie können wir in Zukunft solche Situationen noch besser in den Griff bekommen?

Die Fragen sind an den Mitarbeiter zu stellen, der den Praxisfall eingebracht hat.

f) Transfermaßnahmen

- wie geht es weiter?
- Bearbeitung des Transfervertrages
- eventuell Festlegung neuer Problem- bzw. Trainingsfelder
- Einsatz des Seminar- und Trainerbeurteilungsbogens

4.7. Gestaltung eines Lernnetzwerkes im Unternehmen

Für jeden Mitarbeiter im Unternehmen ist es wichtig, daß er sein persönliches Lernnetzwerk aufbaut.
Lernen in der Organisation ist ein strategisch wichtiger Erfolgsfaktor. Jeder Mitarbeiter und jede Führungskraft sollte sich die Frage stellen: »Wie bleibe ich ständig am laufenden, um meinen Arbeitsplatz anforderungsgerecht auszufüllen?«

Dazu gehört auch die Transparenz von Lernhilfen im Unternehmen wie:

- offener Zutritt zur Firmenbibliothek
- organisierter Rundlauf von Fachzeitschriften
- Gestaltung von Lern- und Erfahrungsaustauschrunden
- Festlegung von Lernpatenschaften
- interessante Projektthemen ausschreiben und eventuell mit Preisen auszeichnen
- Erfahrungsaustauschrunden über verschiedene Fachliteratur organisieren
- Stammtisch für Netzwerk einführen
- Bildungsinformationsveranstaltungen organisieren (neue Seminare, Trends, Institute usw. vorstellen)
- Bedarfserhebung über gewünschte Lerneinrichtungen durchführen

FRAGEBOGEN – SELBSTORGANISIERTES LERNEN

MEIN PERSÖNLICHES NETZWERK FÜRS LERNEN

1. Meine Aufgabe

2. Was bereitet mir beim Lernen in unserem Unternehmen Spaß?

3. Wo gibt es Probleme beim Lernen?

4. Personale Lernsituation – Wer könnte mir beim Lernen helfen?

5. Was will ich zur Aufgabenerfüllung dazulernen?

6. Welche Themen/Aufgaben würden mich über meinen Job hinaus in unserem Unternehmen interessieren?

7. Wo kann ich Unterlagen erhalten?

8. Initiierung des Netzwerks für das Lernen –
Was kann ich zur Initiierung an Aktivitäten einsetzen?

9. Intensivierung des Netzwerks –
Was kann ich zur Intensivierung einsetzen?

10. Mit welchem Lernpartner habe ich bisher gute Erfahrungen gemacht?
Lernpartner Themen/Aufgaben

11. Welche Probleme/Schwierigkeiten sind bei der Intensivierung zu überwinden?

12. Pflege des Netzwerks –
Welche Aktivitäten setze ich zur Aufrechterhaltung des Netzwerks ein?

13. Wem kann ich mich als Lernpartner anbieten?

14. Beendigung des Netzwerks –
Wie beende ich meine Lernbeziehungen mit anderen?

5. Controlling von Personalentwicklungs- und Aus- und Weiterbildungsaktivitäten

5.1. Grundlagen

In diesem Kapitel sollen der wirtschaftliche Bereich der Personalentwicklungsmaßnahmen einerseits und der Aus- und Weiterbildungsmaßnahmen andererseits behandelt werden.

5.1.1. Controlling von Personalentwicklungsaktivitäten

Controlling als Maßnahme von Personalentwicklungsaktivitäten kann nur verbunden sein mit dem strategischen Controlling im Rahmen der Entwicklung und Umsetzung des Zielsystems (siehe Kapitel 1).
Es ist damit im Rahmen des Gesamtunternehmenskonzeptes miteingebunden, wo speziell die strategischen Personalentwicklungsaktivitäten ein Bestandteil der gesamten Personalpolitik im Unternehmen sind.
Vor allem bei Klein- und Mittelbetrieben wird selten eine Trennung der Entwicklungskosten von den Schulungskosten vorgenommen. Meist sind auch die zu erfassenden Eckwerte nicht genau genug definiert.

Für jedes Unternehmen sind Gewinn und Potential als Faktoren zur Unternehmenssicherung notwendig.
Schwer ist das Eingrenzen der individuell bei der Entwicklung von Mitarbeitern entstehenden Kosten. Denn zu den Überlegungen hinsichtlich der Entwicklungskosten gehören auch:

- Abwesenheit vom Arbeitsplatz während der externen Trainee- oder Trainingsphase
- Wird Lernen als Arbeitsverlust gerechnet?
- Wie wird die Fluktuation wirtschaftlich berechnet?
- Wie werden die internen Seminare bewertet?
- Wie wird die Ausbildungsarbeit des Vorgesetzten budgetiert?
- Wie werden die zentralen Personalentwicklungskosten auf die einzelnen Kostenstellen umgelegt?

Die Humanvermögensrechnung ist ein eher diskriminiertes Thema in der Personalentwicklungs- und Bildungsabteilung. Die Frage nach dem Nutzen von Entwicklungs- und Schulungsmaßnahmen, Nachfolgeplanung, Transfersicherung usw. läßt sich sehr schwer in konkreten Zahlen ausdrücken.

Die Bezugsrahmen für personalwirtschaftliche Kontroll- und Steuerungsinstrumente haben Wunderer/Sailer im folgenden Schaubild (Abb. 30) zusammengefaßt:

Erfolgsmaßstab / Planungshorizont Bezugsrahmen	Monetär Kalkulatorisch	Ökonomische Kennzahlen und Indikatoren	Qualitativ Subjektive Beurteilung Heuristisch
Operativ Kurzfristig	Personalkostenbudget Budget der Personalabteilung	Leistungsstunden Absenzzeiten	Tätigkeitskontrolle mittels „Multi-Moment-Verfahren"
Taktisch Mittelfristig	Budget eines Aus- und Weiterbildungsplans	Fluktuationsraten	Mitarbeiterbeurteilung Assessmentverfahren
Strategisch Langfristig	Betriebliche Pensionspolitik aus finanzmathematischer Sicht ROI von Ausbildungsmaßnahmen bzw. PE-Maßnahmen allg.	Personalstruktur – Ausbildungsstand – Betriebszugehörigkeit – betriebliche, demographische Entwicklung Leistungspotential – Quantitative Assessment-Verfahren	Personal-Portfolio Potentialanalysen Identifikation von Schlüsselpersonen

Abb. 30: Personalwirtschaftliche Kontroll- und Steuerungsinstrumente

5.1.2. Controlling von Aus- und Weiterbildungsmaßnahmen

Ein umfassendes Bildungs-Controlling-System sollte immer auch die Grundlagen für die Entscheidung über künftige Trainingsmaßnahmen darstellen.
Die Schwerpunkte des Bildungs-Controlling-Systems lassen sich mit Abb. 31 wie folgt zusammenfassen:

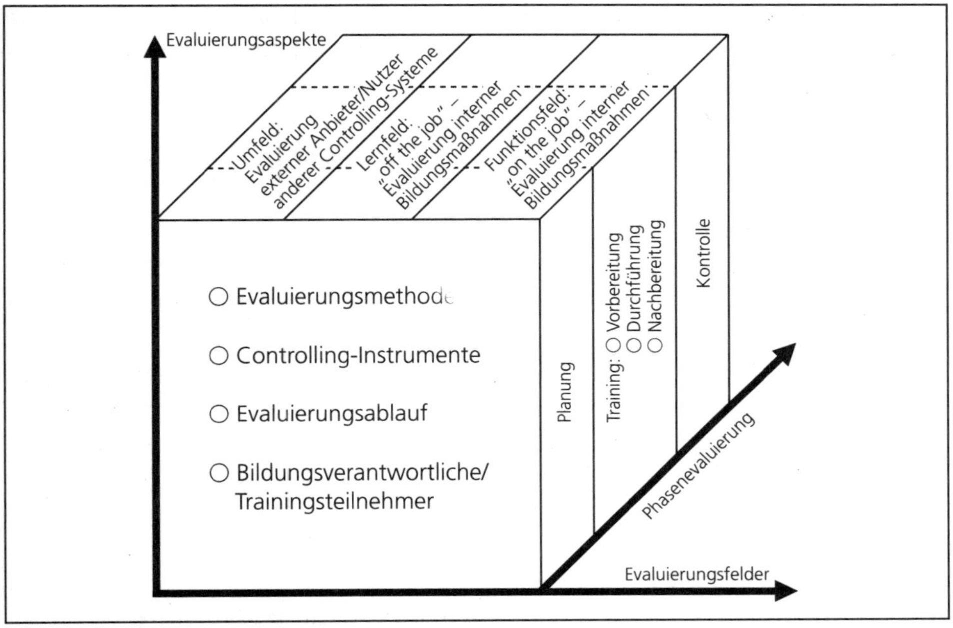

Abb. 31: Bestandteile eines Bildungs-Controlling-Systems
aus: H. Ch. Riekhof „Strategien der Personalentwicklung" S. 311, Gabler Verlag, Wiesbaden

Die untere Koordinate zeigt die Evaluierungsfelder mit Bezug auf die Evaluierungsaspekte an. In den Evaluierungsfeldern Umfeld, Lernfeld und Funktionsfeld können die einzelnen Aspekte (Evaluierungsmethode, Controlling-Instrument, Ablauf und teilnehmende Personen) in den drei Phasen Planung, Durchführung von Trainings und Kontrolle der Maßnahmen durchgeführt werden.

Für die Bildungsarbeit relevante Kennzahlen sind:

- Trainingskosten in Prozent vom Gesamtumsatz des Unternehmens
- Trainingskosten in Prozent zur Bilanzsumme
- Trainingskosten in Prozent der Gesamtpersonalkosten
- Ausfallzeiten durch Bildungsmaßnahmen in Prozent der Gesamtkapazität
- Ausfallzeiten durch Trainingsmaßnahmen in Prozent des durchschnittlichen Krankenstandes

- Ausfallzeiten durch Trainingszeit pro Mitarbeiter in Tagen pro Jahr
- Relation freiwilliger Sozialaufwendungen des Unternehmens zu Bildungsaufwand je Mitarbeiter
- Trainingsaufwand zu Werbeausgaben
- Trainingsaufwand zu allgemeinen Repräsentationskosten
- Trainingsaufwand zu Entwicklungsaufwand
- Trainingsaufwand in Prozent zu den Gesamtkosten
- Trainingsaufwand zu Fluktuationskosten (spezifiziert bei Bedarf zu Aufwand für Rekrutierung, Einarbeitung, Austritt, Such-, Folge- und Ausfallzeiten)
- Trainingsaufwand zu Einzelwertberichtigungen bei Banken oder Forderungsausfälle des Unternehmens im laufenden Jahr
- Trainingsaufwand zu Ausschußkosten pro Jahr

Anlehnung an: H. Ch. Riekhof, „Strategien der Personalentwicklung", S. 314, Gabler Verlag, Wiesbaden

5.2. Budgeterstellung bei Bildungsveranstaltungen

Zur Bildungsarbeit ist die Erstellung eines Budgets äußerst wichtig, wenn nicht gar Voraussetzung.
Dabei sollte jede geplante Bildungsveranstaltung, ob intern oder extern, mit eigenen oder externen Trainern, nach folgenden Punkten erstellt werden:

Seminar:

Kosten für die Teilnehmer

- Unterkunft und Verpflegung für Personen, Tage ________
- Kaffeepausen, Erfrischungsgetränke und Brötchen ________
- Fahrtkosten ________
- Reisediäten ________
- Tag- und Nachtgeld ________
- Seminargebühr ________
- Kosten für Lohn- und Gehaltsfortzahlung während des Seminares ________
- Sonstiges ________________ ________ ________

Kosten für Referenten

	interne(r)	externe(r)	
• Trainerhonorar inkl. Unterlagen	________	________	
• Unterkunft/Verpflegung	________	________	
• Reisediäten	________	________	
• Fahrtkostenvergütung	________	________	
• Kosten für Lohn- und Gehaltsfortzahlung während des Seminares	________	________	
• abzgl. Gutschrift (Freiplatz)	________	________	________

Kosten für Seminarbetreuung ________

Kosten für Seminarbehelfe (Unterlagen, Kopien, Telefon usw.) ________

Gesamtkosten ________

Die Kosten für die betriebliche Bildung lassen sich in direkte und indirekte Kosten zusammenfassen:

Arten der Kosten

Direkte Kosten

- Lehrkräfte – Referenten/Trainer
  1. Kosten für die Vorbereitung
  2. Kosten für den eigentlichen Unterricht
  3. Kosten für die Nachbereitung
  4. Kosten für Reise und Aufenthalt (bei Seminaren außerhalb der Firma)
  5. Trainerhonorar
  6. Verdienstentgang des Referenten
- Lehrmittel/Lehrmaterial
- Raumkosten
- Reise- und Aufenthaltskosten für die Adressaten
- Lohnfortzahlung während der Dauer der Bildungsmaßnahme für alle Teilnehmer

Indirekte Kosten

- Kosten für Bildungsplanung (Bedarfserhebung, Auswertung)
- Kosten für die Erfolgskontrolle
- Administrative Kosten (Auslese von Seminarteilnehmern)
- Internes Bildungsprogramm (Erarbeitung, Verteilung)

Zur Budgeterstellung von Personalentwicklungsaktivitäten empfiehlt sich der nachstehende, einfach zu handhabende Raster (Abb. 32) als Grundlage der Planung:

PLANUNG DER PERSONALENTWICKLUNGSKOSTEN

Nr.	Termin	Bildungsmaßnahme	Entwicklungsmaßnahme	Teilnehmergruppe	Personalaufwand für Ausbilder	Sachkosten für Lehr- und Lernmaterial	Reisekosten und Spesen	Gesamtkosten

Abb. 32: Personalentwicklungskosten – Planung

5.3. Entwicklungsbedarfsrechnung

Die Entwicklungsbedarfsplanung wird abgeleitet aus dem strategischen Zielsystem des Unternehmens. Dazu sind folgende fünf Schritte zu berücksichtigen:

1. Ermittlung des Brutto-Personalbedarfs
2. Personalbestandsanalyse
3. Ermittlung des Netto-Personalbedarfs
4. Analyse von Einflußfaktoren auf die Personalbedarfsplanung
5. Ermittlung der strategischen Entwicklungskosten

Wie sehen diese einzelnen Schritte im Detail aus:

1. Ermittlung des Brutto-Personalbedarfs

Hier wird der kurz-, mittel- und langfristige Personalbedarf geplant, wobei der tatsächliche Einsatzbedarf und der Reservebedarf fix geplant werden. Die Möglichkeiten der Personalbedarfsdeckung, z. B. durch Stellvertretungen, Job rotation usw. werden offengelegt.

2. Personalbestandsanalyse

Der Personalbestand wird per »heute«, also zum Zeitpunkt der Planerstellung festgelegt. Die voraussichtliche Bestandsminderung in nächster Zeit durch Abgänge (Fluktuationen, Pensionierungen, Karenz usw.) wird den Bestandsmehrungen (Rückkehr vom Bundesheer, Ende der Karenzzeit etc.) gegenübergestellt. Wesentlich bei der Personalbestandsanalyse ist die Berücksichtigung der strategischen Ausrichtung des Unternehmens, wobei eine Prognose über die zukünftige Bestandsentwicklung und neue Positionen mittel- und langfristig vorzunehmen ist.

3. Ermittlung des Netto-Personalbedarfs

Bei der Ermittlung des Netto-Personalbedarfs werden einerseits die Maßnahmen zur Bedarfsdeckung (Beschaffung und Entwicklung von neuen Mitarbeitern) und andererseits die Maßnahmen zum Personalabbau (bei einem errechneten Personalüberhang) berücksichtigt.

4. Analyse von Einflußfaktoren auf die Personalbedarfsplanung

Verschiedene Einflußfaktoren können die Personalbedarfsplanung erheblich beeinflussen, z. B. Einflüsse aus dem Zielsystem des Unternehmens, Einflüsse durch arbeitsmarktpolitische/konjunkturelle/regionale/rechtliche Veränderungen, Einflüsse von nicht abschätzbarer Tragweite durch Betriebsklima, Zufriedenheit der Mitarbeiter, Qualifikationsstruktur der Mitarbeiter, Nachfolgeplanung.

5. Ermittlung der strategischen Entwicklungskosten

Ausgangssituation ist der heutige Qualifikationsstand bei den einzelnen Mitarbeitern im Unternehmen. Durch das Zielsystem wird der zukünftige Qualifizierungsstand ermittelt, durch den man abschätzen muß, welche Entwicklungs- und Aus- und Weiterbildungsmaßnahmen generell alle Mitarbeiter betreffen und welche Entwicklungsmaßnahmen nur die Führungskräfte betreffen.

Die definierte Nachfolgeplanung gibt weiters einen intensiven Überblick über die zukünftigen Bildungsaktivitäten.

Die Maßnahmen werden mit der Personalentwicklungs- und Bildungsbedarfsanalyse erhoben und in konkrete Umsetzungsschritte definiert.
Als Bezugsgröße kann man sagen, daß ein Seminartag eines durchschnittlichen Mitarbeiters zwischen 5.000,– und 7.000,– öS an Pauschalkosten und für eine Führungskraft ungefähr das Doppelte (inkl. verrechnete Abwesenheitszeit, Aufenthaltskosten, Seminargebühren, Vor- und Nachbereitungskosten während der Arbeitszeit für Mitarbeiter und Führungskräfte) kostet.

Die geschätzten Kosten werden für den Kader hochgerechnet und für den Strategiezeitraum als »Strategische Entwicklungskosten« budgetiert.

Dieses Buch wurde aus der Praxis für die Praxis geschrieben und soll ein Nachschlagewerk und aktives Umsetzungswerk sein.
Die einzelnen Themen sind zusammenhängend aufgebaut, so daß die unumgängliche Vernetzung der Personalentwicklungsarbeit und der Aus- und Weiterbildung mit den anderen Unternehmensbereichen ersichtlich wird.
Die Checklisten, Fragebögen und Abbildungen sollen bei der systematischen zielorientierten Erfolgssteuerung der Personalarbeit helfen.

Meine Absicht bei der Erarbeitung dieses Buches war es, dem Praktiker einen umfassenden Überblick über die im Personalbereich notwendigen Aktivitäten und die für die Erzielung eines Erfolges notwendige Einbindung in alle Unternehmensbereiche zu geben. Ich hoffe, daß das Buch diese Anforderung erfüllt und auch erfahrene Personalverantwortliche einige neue Anregungen bekommen haben.

Literaturverzeichnis

ENTWICKLUNG EINES ZIELSYSTEMS

Benölken/Greipel: *Dienstleistungsmanagement*
Berger, Roland: *Handbuch Europa '92*
Berthel, Jürgen: *Personal-Management*
Drucker, Peter F.: *Neue Realitäten*
Gälweiler, Aloys: *Strategische Unternehmensführung*
Hinterhuber, Hans: *Strategische Unternehmensführung – Wettbewerbsstrategie*
Mann/Mayer: *Der Controlling-Berater*
Meier, Walter: *Durchsetzen von Strategien*
Nagel, Kurt: *200 Strategien, Prinzipien und Systeme für den persönlichen und unternehmerischen Erfolg*
Porter, Michael E.: *Wettbewerbsvorteile*
Pümpin, Cuno: *Management strategischer Erfolgspositionen*
Reibnitz, Ute von: *Szenarien*
Riekhof, Hans Christian: *Strategieentwicklung*
Strategien der Personalentwicklung
Töpfer/Afheldt: *Praxis der strategischen Unternehmensplanung*
Scholz, Christian: *Personalmanagement*
Ulrich/Probst: *Ganzheitliches Denken und Handeln*
Vester, Frederic: *Leitmotiv Vernetztes Denken*
Weissmann, Arnold: *Marketing-Strategie: 10 Stufen zum Erfolg*
RKW-Handbuch: *Leitlinien für eine marktorientierte Unternehmensführung*

STRATEGIEORIENTIERTE PERSONALENTWICKLUNG

Berthel/Koch: *Karriereplanung und Mitarbeiterförderung*
Fassbind, Werner: *Aktuelles Handbuch für die optimale Personalführung*
Gerken, Gerd: *Radar-Trends*
GDI: *Impulse*
Höhn, Reinhard: *Die innere Kündigung im Unternehmen*
Jeserich, Wolfgang: *Mitarbeiter auswählen*
Top-Aufgabe
Kastner/Gerstenberg: *Neue Trends im Personalwesen*
Kitzmann/Zimmer: *Grundlagen der Personalentwicklung*
Leupold, Jürg: *Management Development*
Linder/Zehnder: *Management-Potential aktivieren*
Masemann, Hans: *Weiterbildung in Kreditinstituten*
Oechsler, Walter: *Personalwirtschaft*
Reinecke, Peter: *Vorgesetztenbeurteilung*
Rosenstiel/Nerdinger/Spieß/Stengel: *Führungsnachwuchs im Unternehmen*

Sattelberger, Thomas: *Innovative Personalentwicklung*
Schöbitz, Eberhard: *Die Rekrutierung von Führungsnachwuchs bei Banken*
Staffelbach, Bruno: *Strategisches Personalmanagement*
Stiefel, Rolf Th.: *Mao-Briefe*
Strutz, Hans: *Handbuch Personalmarketing*
Thiele, Albert: *Karriereziele verwirklichen*
Thom, Norbert: *Personalentwicklung als Instrument der Unternehmensführung*
Töpfer/Poerisch: *Personalwesen der 90er Jahre*
Töpfer/Zander: *Mitarbeiter-Befragungen*
Wohinz, Josef: *Laufbahnplanung*

FÜHRUNG UND PERSONALENTWICKLUNG

Gabele/Liebel/Oechsler: *Führungsgrundsätze und Führungsmodelle*
Görg: *Zukunft des Managers – Manager der Zukunft*
Harvard Manager: *Führung und Organisation*
Kappel, Heinz: *Organisieren/Führen/Entlöhnen*
Kälin/Müri: *Sich und andere führen*
Kobi/Wüthrich: *Unternehmenskultur verstehen, erfassen und gestalten*
Kuebel/Schneider: *Taschenbuch für Führungsgrundsätze*
Kurtz/Marcotty/Stiefel: *Evaluierungskonzepte*
Liebel/Oechsler: *Neue Wege der Leistungs- und Verhaltensbewertung*
Nütten/Sauermann: *Die anonymen Kreativen*
Oberklammer, Ekkehard: *Personalbeurteilung im Rahmen eines betrieblichen Informationssystems*
Pechtl, Waldefried: *Zwischen Organismus und Organisation*
Pinchot: *Intrapreneuring*
Raschke/Knebel: *Taschenbuch für Personalbeurteilung*
RKW-Handbuch: *Personalplanung*
Staehle, Wolfgang: *Management*
Schuhmacher, Bernd: *Handbuch Führungsgrundsätze und Führungsrichtlinien*
Führen durch Beurteilen
Schuler, Heinz: *Das Bild vom Mitarbeiter*
Tschirky, Hugo: *Führungs-Richtlinien*

AUS- UND WEITERBILDUNG

Birkenbihl, Michael: *Train the trainer*
Bronner/Schröder: *Weiterbildungserfolg*
Decker, Franz: *Grundlagen neuer Ansätze in der Weiterbildung*
Dunkel, Dieter: *Psychologie und Pädagogik für Ausbildner*
Heidack, Clemens: *Lernen der Zukunft*
Leiter, Reinhard: *Weiterbildungsbedarf*
Ments, Morry von: *Rollenspiel – effektiv*
Pillat/Lehmann: *Schulen, Trainieren*

Pullig/Schäkel: *Weiterbildung im Wandel*
Rolff/Zimmermann: *Neue Medien und Lernen*
Schrader/Gottschall/Runge: *Erwachsenenbildung*
Stiefel, Rolf Th.: *Lernen im Zweierteam*
Planung und Durchführung von Induktionsprogrammen

CONTROLLING VON PERSONALENTWICKLUNGS- UND AUS- UND WEITERBILDUNGSMASSNAHMEN

Seibt/Mülder: *Methoden- und computergestützte Personalplanung*

Abbildungen

Fragebögen

Checklisten

Stichwortverzeichnis

UEBERREUTER GESAMTÜBERSICHT WIRTSCHAFTSSACHBUCH UND WIRTSCHAFTSFACHBUCH

MANAGEMENT/ FÜHRUNGSTECHNIK/PR

Armstrong, Michael
Die Geheimnisse erfolgreicher Manager
Erprobte Techniken und Strategien von A–Z
Reihe: manager magazin Edition
457 Seiten, Leinen

Neuerscheinung
Attems, Rudolf/Heimel, Franz
Typologie des Managers
Wie Manager Wirklichkeit wahrnehmen und Entscheidungen treffen
Reihe: manager magazin Edition
Ca. 200 Seiten, Leinen

Attems, Rudolf/Holzer, Adalbert
Spitzenleistungen in die Praxis umsetzen
400 Seiten, Leinen

Neuerscheinung
Badaracco, Joseph L. jun.
Strategische Allianzen
Wie Unternehmen durch Know-how-Austausch Wettbewerbsvorteile erzielen
Harvard Business School in der Reihe manager magazin Edition
Ca. 300 Seiten, Leinen

Bogner, Franz
Das neue PR-Denken
430 Seiten, Leinen

Bruckmann, Gerhart
Megatrends für Österreich
180 Seiten, lam. Pappband

Neuerscheinung
Dichter, Ernest
Neues Denken bringt neue Märkte
Analyse der unbewußten Faktoren/Umsetzung ins Marketing/Anregungen und Beispiele
Reihe: manager magazin Edition
Ca. 200 Seiten, Leinen

Neuerscheinung
Economist (Hrsg.)
Die Welt in Zahlen
Bevölkerung/Wirtschaft/Industrie/Handel/ Umwelt/Energie
208 Seiten, Broschur

Fink, Maximilian/Zimmermann, Norbert
Zukunftssicherung von Familienunternehmen
Reihe: manager magazin Edition
151 Seiten, Paperback

Görg, Bernhard
Zukunft des Managers, Manager der Zukunft
204 Seiten, Leinen

Hierhold, Emil
Sicher präsentieren – wirksamer vortragen
352 Seiten, Leinen

Kralicek, Peter
Kennzahlen für Geschäftsführer
Reihe: manager magazin Edition
510 Seiten, zahlreiche Abbildungen und Tabellen, lam. Pappband

Lang, Dagmar
Wirtschaftschance Ungarn
296 Seiten, lam. Pappband

Malär, Andrea
Praxishandbuch Führungsinstrumente
262 Seiten in Ringordner

Weber, Ulrich
Der Anstellungsvertrag des Managers
Aktuelle Standards und Modelle/Konkrete Handlungsanleitungen/Musterverträge
Reihe: manager magazin Edition
Ca. 250 Seiten, Leinen

Woodcock, Mike/Francis, Dave
Der befreite Manager
224 Seiten, Leinen